张乐　刘锦祺

编著

象棋
布局实战
阶梯训练

化学工业出版社

·北京·

图书在版编目（CIP）数据

象棋布局实战阶梯训练 / 刘锦祺，张乐编著.
北京：化学工业出版社，2025. 4. --ISBN 978-7-122
-47425-4

Ⅰ. G891.2

中国国家版本馆CIP数据核字第2025PJ0735号

责任编辑：杨松淼　　　　　　　　　　　装帧设计：刘丽华
责任校对：王　静

出版发行：化学工业出版社（北京市东城区青年湖南街13号　邮政编码100011）
印　　装：三河市君旺印务有限公司
635mm×965mm　1/16　印张10¼　字数150千字　2025年5月北京第1版第1次印刷

购书咨询：010-64518888　　　　　　　　售后服务：010-64518899
网　　址：http：//www.cip.com.cn
凡购买本书，如有缺损质量问题，本社销售中心负责调换。

定　　价：49.80元

前言

由于工作的关系，我接触到的业余棋手很多。虽然这些棋手的水平参差不齐，但无一例外都和我聊到同一个话题：如何快速长棋？其实这不仅是业余棋手经常咨询的问题，也是专业棋手间经常讨论的，谁不想快速提升棋艺水平呢？

一名棋手在棋盘上所达到的水平和很多因素有关，这里面包括环境因素、天赋因素、训练因素等。其中科学的训练方法无疑可以使棋手在学习的过程中取得事半功倍的效果，这一点棋界人士已经达成共识。

那么，什么是好的训练方法呢？那就要做到以下这几点。

（1）难度适合。训练题要和爱好者的水平相适应。太简单了，提不起爱好者的兴趣；太难了，会让爱好者失去成就感。

（2）阶梯发展。当爱好者已经熟练完成一部分训练后，必须逐渐提高难度，让他们产生一种"征服下一座高山"的欲望。爱好者就是在这种不断的挑战中提高棋艺水平的。

（3）训练方法多样。在设置训练题时，要考虑到训练内容的多样性，题目要新颖，让爱好者既感觉有难度，又能对独特的训练方式产生兴趣，这是非常必要的。

（4）因人而异。初、中级爱好者在接触象棋时，因为切入点不同，有的人比较喜欢研究布局，有的人比较喜欢研究残局，而有的人则认为自己的中局缠斗能力需要提升。那我们在训练时，就应把有限的精力和时间，放在自己更想侧重的单项上，进行集中的训练和突破。

本书就是针对象棋中的布局部分，为方便读者朋友们进行更有针对性的专项训练而创作的。为方便不同棋力的读者进行训练，书中共分为入门级、进阶级、大师级三个难度层次。

入门级中，考虑到这一阶段的棋手对布局的学习还不会太过深入，所以练习重点是不断强化常见布局的熟练度，主要以逆向推导训练为主。

进阶级中，习题的侧重方向，是使读者掌握同一布局体系下的不同变化以及不同布局之间的相互转换。

大师级中，习题则是以两种训练方式搭配出现的。每页第 1 题是布局典型局面的记忆训练，也是笔者在教学中深感效果显著的"倒叙教学法"，根据棋图和回合数以及布局变例的名称，要求读者把布局的着法写出来。同一局面下，由于布局次序的不同，往往是同形不同步，这对提高读者的布局理解能力有很大帮助。每页中的第 2 题，是笔者多年总结的一些典型对局，请读者找到其中明显存在的问题，并提出解决建议。通过这种练习，读者可以把理论与实践相结合，形成自己的见解，这对棋艺水平的进一步提升至关重要。

以上就是对本书设计的整体说明，也是一个训练方法的提示，供读者朋友们参考。希望通过对本书的学习，大家的棋艺水平能有一个明显的提高，并对寻找最适合我们每一个个体的训练方法，也能起到抛砖引玉的作用。

由于编写时间较为仓促，且笔者水平有限，书中若有不足之处，敬请广大象棋爱好者批评指正。

刘锦祺

2025 年 5 月

入门级 ……………………………………………………………… 1

进阶级 ……………………………………………………………… 17

大师级 ……………………………………………………………… 63

参考答案 …………………………………………………………… 95

入门级

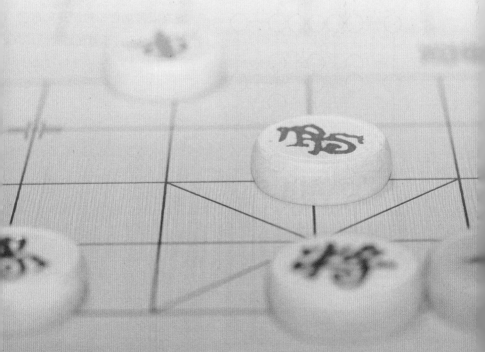

布局练习

　　根据提示的布局名称及布局结果示意图，写出布局的推演过程，并在空白棋盘中，画出双方棋子应在的位置（总用时10分钟）。

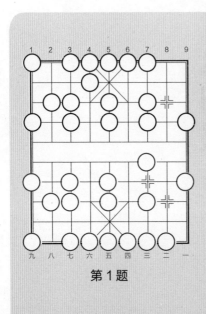

第1题

双方以顺炮直车对横车布局，第5回合形成示意图局面。

① _____

② _____

③ _____

④ _____

⑤ _____

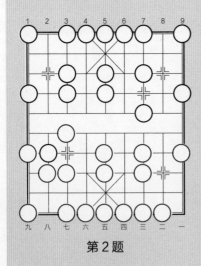

第2题

双方以顺炮直车对缓开车布局，第5回合形成示意图局面。

① _____

② _____

③ _____

④ _____

⑤ _____

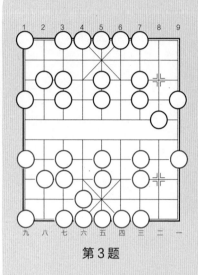

第3题

双方以顺炮横车对直车布局，第5回合形成示意图局面。

① _____

② _____

③ _____

④ _____

⑤ _____

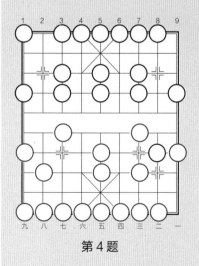

第4题

双方以中炮两头蛇对左炮封车转列手炮布阵，第5回合形成示意图局面。

① _____

② _____

③ _____

④ _____

⑤ _____

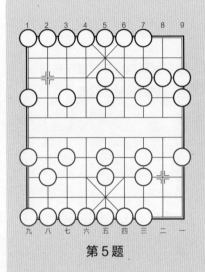

第5题

双方以中炮对半途列炮布阵，第5回合形成示意图局面。

① _____

② _____

③ _____

④ _____

⑤ _____

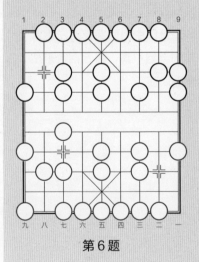

第6题

双方以大列手炮布阵，第5回合形成示意图局面。

① _____

② _____

③ _____

④ _____

⑤ _____

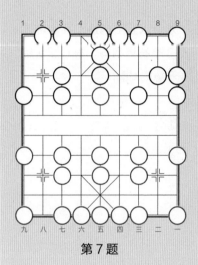

第7题

双方以大列手炮红炮打中卒变例布阵，第5回合后形成示意图局面。

① _____

② _____

③ _____

④ _____

⑤ _____

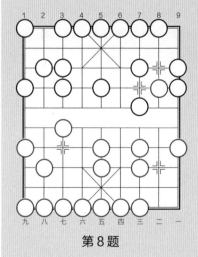

第8题

双方以中炮过河车对屏风马平炮兑车布局列阵，第5回合后形成示意图局面。

① _____

② _____

③ _____

④ _____

⑤ _____

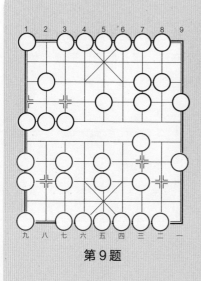

第 9 题

双方以五七炮进三兵对屏风马进 3 卒布局列阵，第 6 回合后形成示意图局面。

① _____

② _____

③ _____

④ _____

⑤ _____

⑥ _____

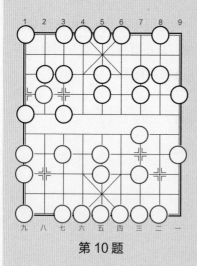

第 10 题

双方以五八炮进三兵对屏风马布局列阵，第 6 回合后形成示意图局面。

① _____

② _____

③ _____

④ _____

⑤ _____

⑥ _____

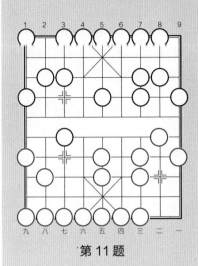

第 11 题

双方以中炮巡河车对屏风马进 3 卒布局列阵，第 5 回合后形成示意图局面。

① _____

② _____

③ _____

④ _____

⑤ _____

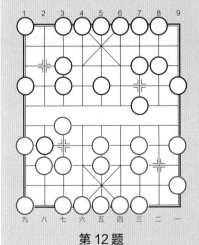

第 12 题

双方以中炮横车七路马对屏风马右炮过河布局列阵，第 5 回合后形成示意图局面。

① _____

② _____

③ _____

④ _____

⑤ _____

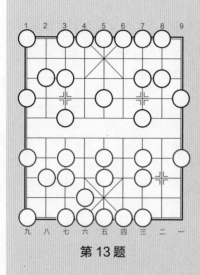

第13题

双方以中炮横车七路马对屏风马两头蛇布局列阵，第5回合后形成示意图局面。

① _____

② _____

③ _____

④ _____

⑤ _____

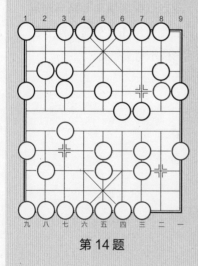

第14题

双方以中炮过河车对屏风马左马盘河布局列阵，第5回合后形成示意图局面。

① _____

② _____

③ _____

④ _____

⑤ _____

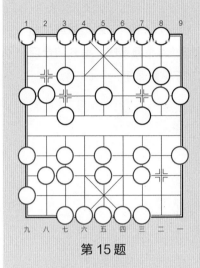

第15题

双方以中炮过河车对屏风马两头蛇布局列阵，第6回合后形成示意图局面。

① _____
② _____
③ _____
④ _____
⑤ _____
⑥ _____

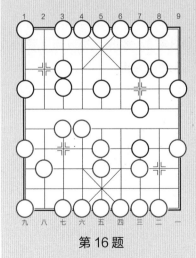

第16题

双方以中炮直车七路马对屏风马进7卒布局列阵，第6回合后形成示意图局面。

① _____
② _____
③ _____
④ _____
⑤ _____
⑥ _____

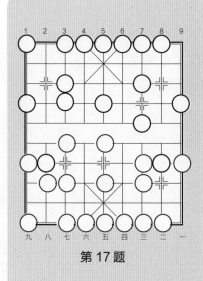

第17题

双方以中炮七路马对屏风马双炮过河布局列阵，第6回合后形成示意图局面。

① _____
② _____
③ _____
④ _____
⑤ _____
⑥ _____

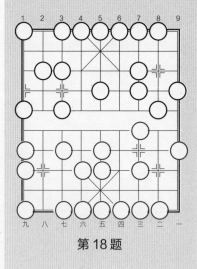

第18题

双方以五六炮进三兵对屏风马进3卒布局列阵，第6回合后形成示意图局面。

① _____
② _____
③ _____
④ _____
⑤ _____
⑥ _____

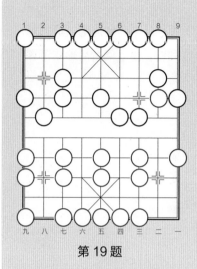

第 19 题

双方以五七炮不进兵对屏风马挺 7 卒右炮巡河变例布阵，第 6 回合后形成示意图局面。

① _____
② _____
③ _____
④ _____
⑤ _____
⑥ _____

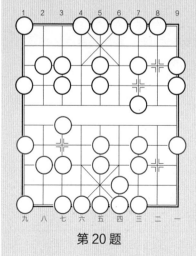

第 20 题

双方以中炮横车七路马对屏风马变例布阵，第 6 回合后形成示意图局面。

① _____
② _____
③ _____
④ _____
⑤ _____
⑥ _____

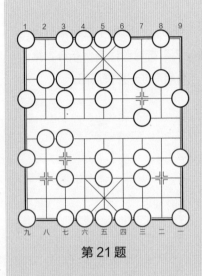

1 2 3 4 5 6 7 8 9

九 八 七 六 五 四 三 二 一

第21题

双方以中炮巡河炮对屏风马布局列阵，第5回合后形成示意图局面。

① ＿＿＿＿＿＿＿＿＿＿＿＿＿

② ＿＿＿＿＿＿＿＿＿＿＿＿＿

③ ＿＿＿＿＿＿＿＿＿＿＿＿＿

④ ＿＿＿＿＿＿＿＿＿＿＿＿＿

⑤ ＿＿＿＿＿＿＿＿＿＿＿＿＿

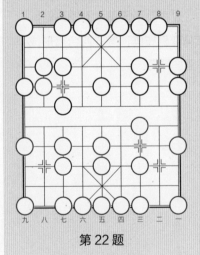

1 2 3 4 5 6 7 8 9

九 八 七 六 五 四 三 二 一

第22题

双方以五八炮进三兵对三步虎布局列阵，第5回合后形成示意图局面。

① ＿＿＿＿＿＿＿＿＿＿＿＿＿

② ＿＿＿＿＿＿＿＿＿＿＿＿＿

③ ＿＿＿＿＿＿＿＿＿＿＿＿＿

④ ＿＿＿＿＿＿＿＿＿＿＿＿＿

⑤ ＿＿＿＿＿＿＿＿＿＿＿＿＿

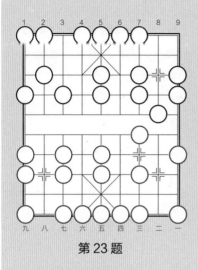

第 23 题

双方以五九炮进三兵对三步虎布局列阵，第5回合后形成示意图局面。

① _____

② _____

③ _____

④ _____

⑤ _____

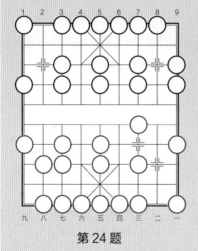

第 24 题

双方以中炮进三兵对三步虎转列炮布局列阵，第5回合后形成示意图局面。

① _____

② _____

③ _____

④ _____

⑤ _____

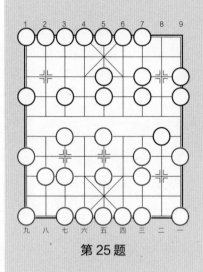

第 25 题

双方以中炮进七兵对三步虎转列炮布局列阵，第 5 回合后形成示意图局面。

① _____

② _____

③ _____

④ _____

⑤ _____

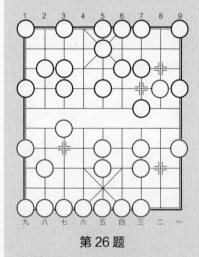

第 26 题

双方以中炮进七兵对反宫马布局列阵，第 5 回合后形成示意图局面。

① _____

② _____

③ _____

④ _____

⑤ _____

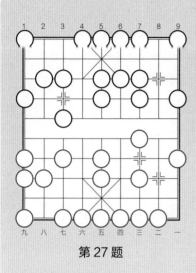

第27题

双方以中炮边马进三兵对反宫马布局列阵，第 5 回合后形成示意图局面。

① _____

② _____

③ _____

④ _____

⑤ _____

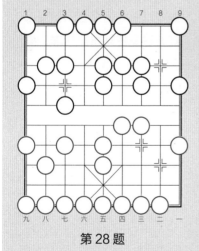

第28题

双方以中炮先锋马进三兵对反宫马布局列阵，第 5 回合后形成示意图局面。

① _____

② _____

③ _____

④ _____

⑤ _____

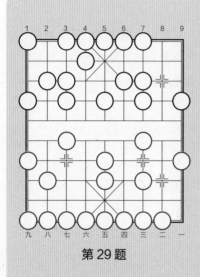

第29题

双方以中炮两头蛇对反宫马横车布局列阵，第5回合后形成示意图局面。

① _____

② _____

③ _____

④ _____

⑤ _____

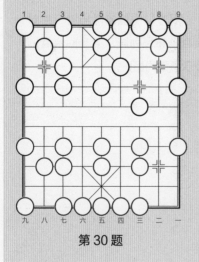

第30题

双方以中炮对反宫马抢挺7卒，红方进车压马布局列阵，第5回合后形成示意图局面。

① _____

② _____

③ _____

④ _____

⑤ _____

进
阶
级

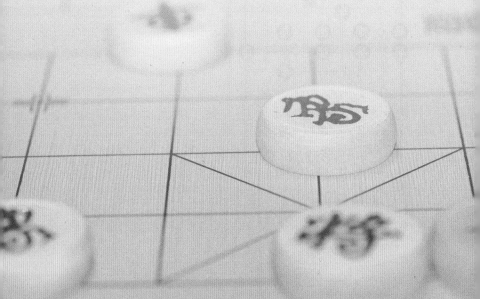

布局练习

下面 2 个图均是由顺炮直车对横车演变而来的。请填出空白处的着法。每题用时 5 分钟。

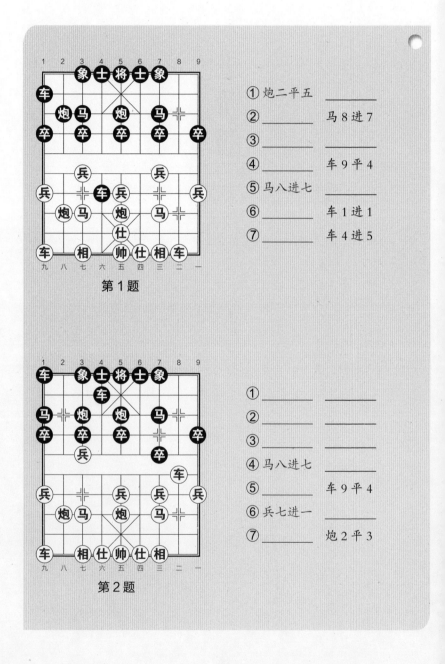

① 炮二平五 ＿＿＿＿＿＿
② ＿＿＿＿＿＿ 马 8 进 7
③ ＿＿＿＿＿＿ ＿＿＿＿＿＿
④ ＿＿＿＿＿＿ 车 9 平 4
⑤ 马八进七 ＿＿＿＿＿＿
⑥ ＿＿＿＿＿＿ 车 1 进 1
⑦ ＿＿＿＿＿＿ 车 4 进 5

第 1 题

① ＿＿＿＿＿＿ ＿＿＿＿＿＿
② ＿＿＿＿＿＿ ＿＿＿＿＿＿
③ ＿＿＿＿＿＿ ＿＿＿＿＿＿
④ 马八进七 ＿＿＿＿＿＿
⑤ ＿＿＿＿＿＿ 车 9 平 4
⑥ 兵七进一 ＿＿＿＿＿＿
⑦ ＿＿＿＿＿＿ 炮 2 平 3

第 2 题

下面 2 个图均是由顺炮直车对横车演变而来的。请填出空白处的着法。每题用时 5 分钟。

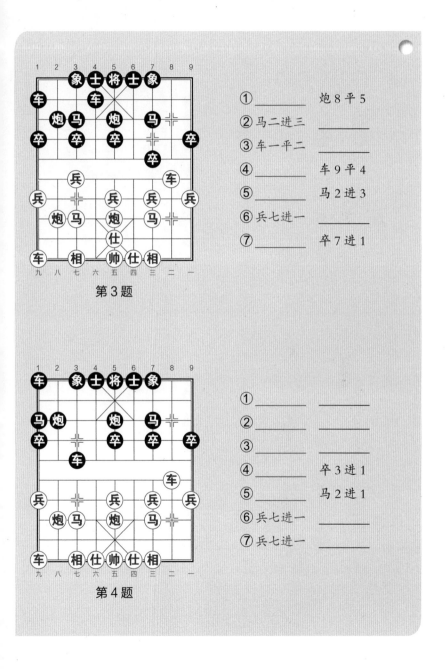

第 3 题

① _____   炮 8 平 5
② 马二进三   _____
③ 车一平二   _____
④ _____   车 9 平 4
⑤ _____   马 2 进 3
⑥ 兵七进一   _____
⑦ _____   卒 7 进 1

第 4 题

① _____   _____
② _____   _____
③ _____   _____
④ _____   卒 3 进 1
⑤ _____   马 2 进 1
⑥ 兵七进一   _____
⑦ 兵七进一   _____

下面 2 个图均是由顺炮直车对横车演变而来的。请填出空白处的着法。每题用时 5 分钟。

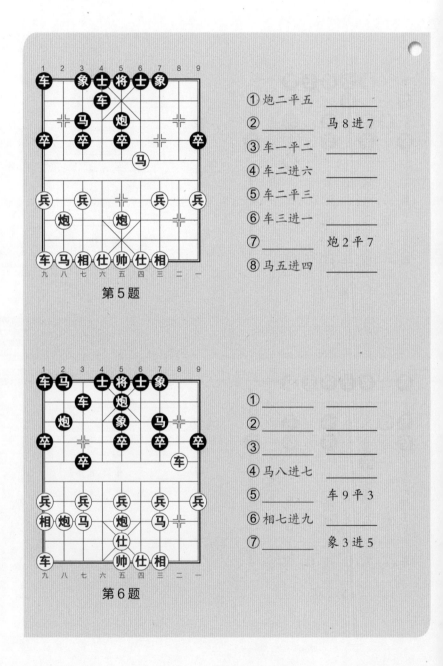

① 炮二平五 ＿＿＿＿＿＿

② ＿＿＿＿＿＿ 马 8 进 7

③ 车一平二 ＿＿＿＿＿＿

④ 车二进六 ＿＿＿＿＿＿

⑤ 车二平三 ＿＿＿＿＿＿

⑥ 车三进一 ＿＿＿＿＿＿

⑦ ＿＿＿＿＿＿ 炮 2 平 7

⑧ 马五进四 ＿＿＿＿＿＿

第 5 题

① ＿＿＿＿＿＿ ＿＿＿＿＿＿

② ＿＿＿＿＿＿ ＿＿＿＿＿＿

③ ＿＿＿＿＿＿ ＿＿＿＿＿＿

④ 马八进七 ＿＿＿＿＿＿

⑤ ＿＿＿＿＿＿ 车 9 平 3

⑥ 相七进九 ＿＿＿＿＿＿

⑦ ＿＿＿＿＿＿ 象 3 进 5

第 6 题

下面 2 个图均是由顺炮直车对横车演变而来的。请填出空白处的着法。每题用时 5 分钟。

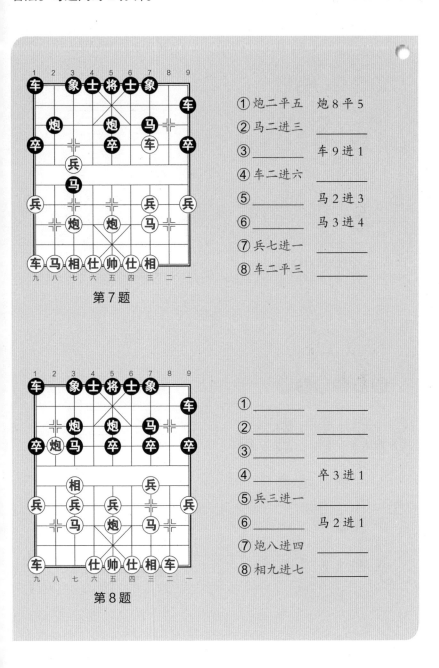

① 炮二平五　　炮 8 平 5

② 马二进三　　_____

③ _____　　车 9 进 1

④ 车二进六　　_____

⑤ _____　　马 2 进 3

⑥ _____　　马 3 进 4

⑦ 兵七进一

⑧ 车二平三　　_____

第 7 题

① _____　　_____

② _____　　_____

③ _____　　_____

④ _____　　卒 3 进 1

⑤ 兵三进一　　_____

⑥ _____　　马 2 进 1

⑦ 炮八进四

⑧ 相九进七

第 8 题

下面 2 个图均是由顺炮直车对横车演变而来的。请填出空白处的着法。每题用时 5 分钟。

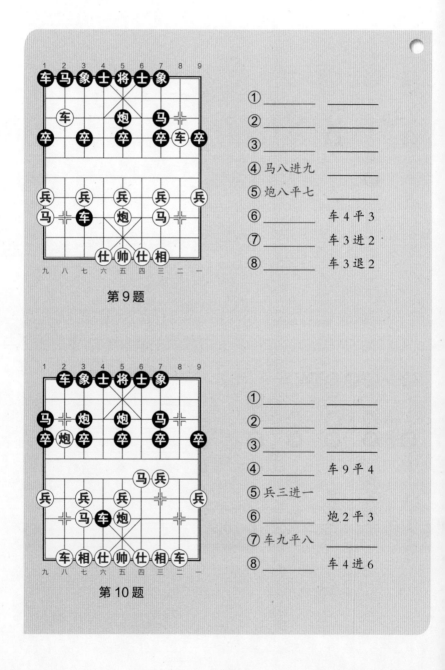

① _____ _____
② _____ _____
③ _____ _____
④ 马八进九 _____
⑤ 炮八平七 _____
⑥ _____ 车4平3
⑦ _____ 车3进2
⑧ _____ 车3退2

第 9 题

① _____ _____
② _____ _____
③ _____ _____
④ _____ 车9平4
⑤ 兵三进一 _____
⑥ _____ 炮2平3
⑦ 车九平八 _____
⑧ _____ 车4进6

第 10 题

下面 2 个图均是由顺炮直车对横车演变而来的。请填出空白处的着法。每题用时 5 分钟。

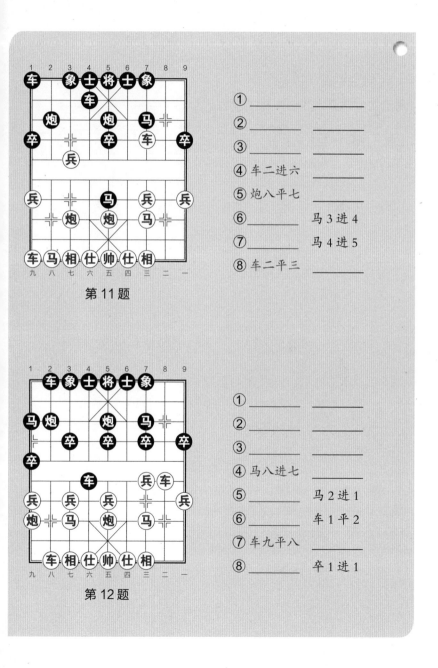

第 11 题

① _____ _____
② _____ _____
③ _____ _____
④ 车二进六
⑤ 炮八平七
⑥ _____ 马 3 进 4
⑦ _____ 马 4 进 5
⑧ 车二平三 _____

第 12 题

① _____ _____
② _____ _____
③ _____ _____
④ 马八进七
⑤ _____ 马 2 进 1
⑥ _____ 车 1 平 2
⑦ 车九平八 _____
⑧ _____ 卒 1 进 1

下面 2 个图均是由顺炮直车对横车演变而来的。请填出空白处的着法。每题用时 5 分钟。

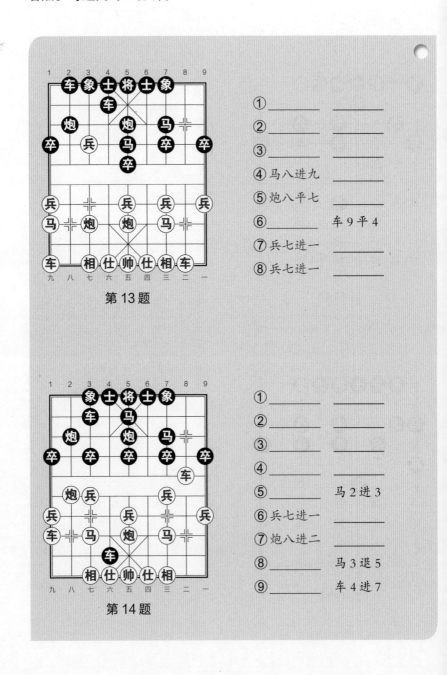

第 13 题

① _____ _____
② _____ _____
③ _____ _____
④ 马八进九 _____
⑤ 炮八平七 _____
⑥ _____ 车 9 平 4
⑦ 兵七进一 _____
⑧ 兵七进一 _____

第 14 题

① _____ _____
② _____ _____
③ _____ _____
④ _____ _____
⑤ _____ 马 2 进 3
⑥ 兵七进一 _____
⑦ 炮八进二 _____
⑧ _____ 马 3 退 5
⑨ _____ 车 4 进 7

下图是由顺炮横车对直车演变而来的。请填出空白处的着法。用时5分钟。

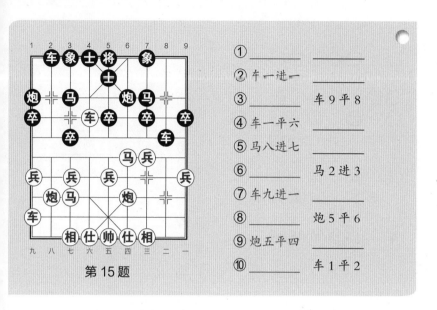

① _____ _____
② 车一进一 _____
③ _____ 车9平8
④ 车一平六 _____
⑤ 马八进七 _____
⑥ _____ 马2进3
⑦ 车九进一 _____
⑧ _____ 炮5平6
⑨ 炮五平四 _____
⑩ _____ 车1平2

第15题

下图是由顺炮直车对横车演变而来的。请填出空白处的着法。用时5分钟。

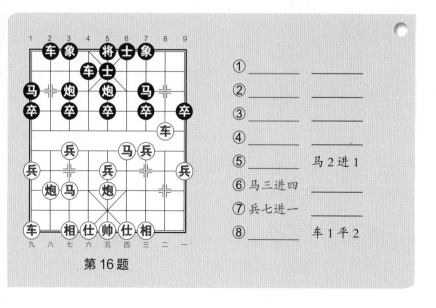

① _____ _____
② _____ _____
③ _____ _____
④ _____ _____
⑤ _____ 马2进1
⑥ 马三进四 _____
⑦ 兵七进一 _____
⑧ _____ 车1平2

第16题

下图是由顺炮直车对横车演变而来的。请填出空白处的着法。用时 5 分钟。

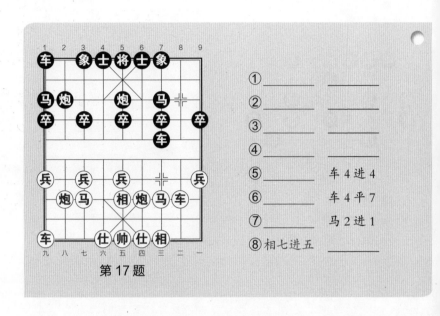

第 17 题

① _____   _____
② _____   _____
③ _____   _____
④ _____   _____
⑤ _____   车 4 进 4
⑥ _____   车 4 平 7
⑦ _____   马 2 进 1
⑧ 相七进五   _____

下图是由顺炮横车对直车布局演变而来的。请填出空白处的着法。用时 5 分钟。

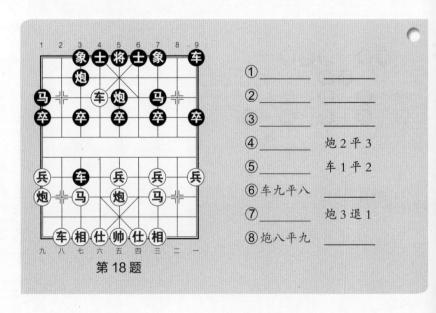

第 18 题

① _____   _____
② _____   _____
③ _____   _____
④ _____   炮 2 平 3
⑤ _____   车 1 平 2
⑥ 车九平八   _____
⑦ _____   炮 3 退 1
⑧ 炮八平九   _____

下图是由顺炮直车对横车演变而来的。请填出空白处的着法。用时 5 分钟。

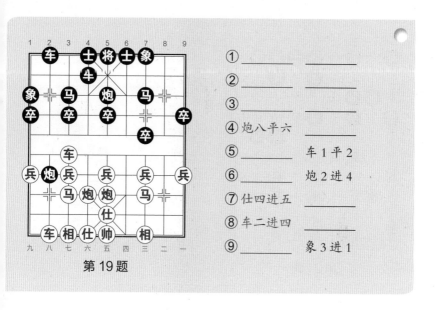

① _____ _____
② _____ _____
③ _____ _____
④ 炮八平六 _____
⑤ _____ 车1平2
⑥ _____ 炮2进4
⑦ 仕四进五 _____
⑧ 车二进四 _____
⑨ _____ 象3进1

第19题

下图是由顺炮横车对直车布局演变而来的。请填出空白处的着法。用时 5 分钟。

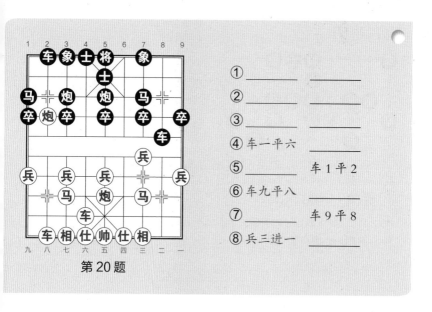

① _____ _____
② _____ _____
③ _____ _____
④ 车一平六 _____
⑤ _____ 车1平2
⑥ 车九平八 _____
⑦ _____ 车9平8
⑧ 兵三进一 _____

第20题

下图是由中炮过河车对屏风马平炮兑车布局演变而来的。请填出空白处的着法。用时5分钟。

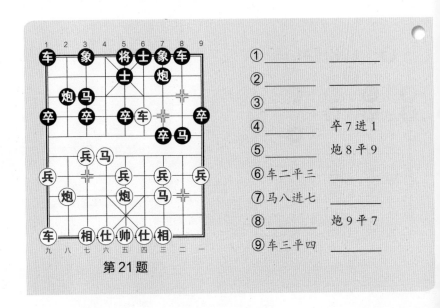

第21题

① _____ _____
② _____ _____
③ _____ _____
④ _____ 卒7进1
⑤ _____ 炮8平9
⑥ 车二平三 _____
⑦ 马八进七 _____
⑧ _____ 炮9平7
⑨ 车三平四 _____

下图是由顺炮横车对直车布局演变而来的。请填出空白处的着法。用时5分钟。

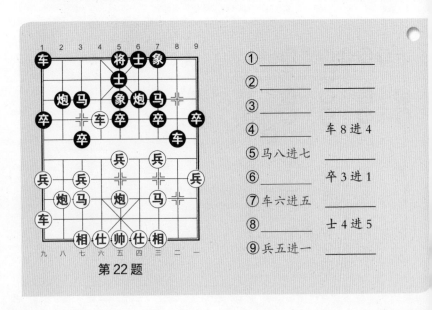

第22题

① _____ _____
② _____ _____
③ _____ _____
④ _____ 车8进4
⑤ 马八进七 _____
⑥ _____ 卒3进1
⑦ 车六进五 _____
⑧ _____ 士4进5
⑨ 兵五进一 _____

下图是由五九炮过河车对屏风马平炮兑车布局演变而来的。请填出空白处的着法。用时5分钟。

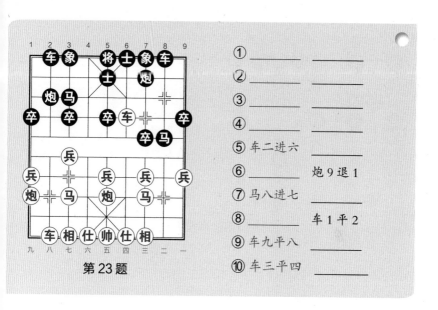

① _____ _____
② _____ _____
③ _____ _____
④ _____ _____
⑤ 车二进六 _____
⑥ _____ 炮9退1
⑦ 马八进七 _____
⑧ _____ 车1平2
⑨ 车九平八 _____
⑩ 车三平四 _____

第23题

下图是由顺炮横车对直车布局演变而来的。请填出空白处的着法。用时5分钟。

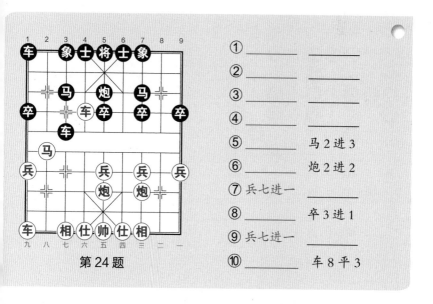

① _____ _____
② _____ _____
③ _____ _____
④ _____ _____
⑤ _____ 马2进3
⑥ _____ 炮2进2
⑦ 兵七进一 _____
⑧ _____ 卒3进1
⑨ 兵七进一 _____
⑩ _____ 车8平3

第24题

下图是由中炮过河车对屏风马平炮兑车，红急进中兵布局演变而来的。请填出空白处的着法。用时 5 分钟。

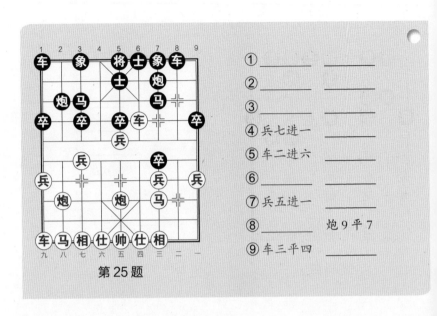

① ＿＿＿＿ ＿＿＿＿
② ＿＿＿＿ ＿＿＿＿
③ ＿＿＿＿ ＿＿＿＿
④ 兵七进一 ＿＿＿＿
⑤ 车二进六 ＿＿＿＿
⑥ ＿＿＿＿ ＿＿＿＿
⑦ 兵五进一 ＿＿＿＿
⑧ ＿＿＿＿ 炮9平7
⑨ 车三平四 ＿＿＿＿

第25题

下图是由顺炮横车对直车布局演变而来的。请填出空白处的着法。用时 5 分钟。

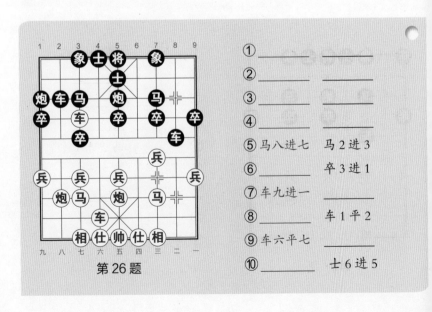

① ＿＿＿＿ ＿＿＿＿
② ＿＿＿＿ ＿＿＿＿
③ ＿＿＿＿ ＿＿＿＿
④ ＿＿＿＿ ＿＿＿＿
⑤ 马八进七 马2进3
⑥ ＿＿＿＿ 卒3进1
⑦ 车九进一 ＿＿＿＿
⑧ ＿＿＿＿ 车1平2
⑨ 车六平七 ＿＿＿＿
⑩ ＿＿＿＿ 士6进5

第26题

下图是由中炮过河车跳边马对屏风马平炮兑车布局演变而来的。请填出空白处的着法。用时 5 分钟。

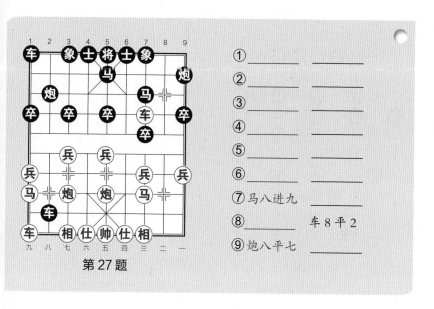

① _____ _____
② _____ _____
③ _____ _____
④ _____ _____
⑤ _____ _____
⑥ _____ _____
⑦ 马八进九 _____
⑧ _____ 车 8 平 2
⑨ 炮八平七 _____

第27题

下图是由顺炮直车对缓开车布局演变而来的。请填出空白处的着法。用时 5 分钟。

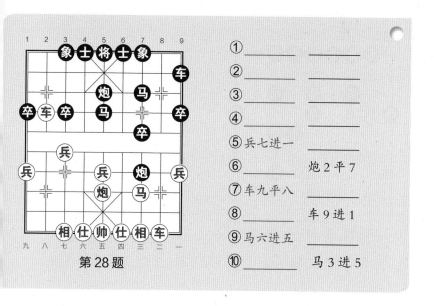

① _____ _____
② _____ _____
③ _____ _____
④ _____ _____
⑤ 兵七进一 _____
⑥ _____ 炮 2 平 7
⑦ 车九平八 _____
⑧ _____ 车 9 进 1
⑨ 马六进五 _____
⑩ _____ 马 3 进 5

第28题

下图是由中炮过河车对屏风马高车保马布局演变而来的。请填出空白处的着法。用时 5 分钟。

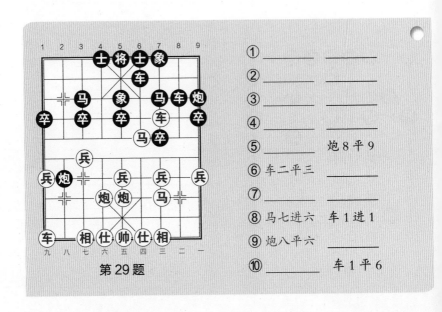

第29题

① _____ _____
② _____ _____
③ _____ _____
④ _____ _____
⑤ _____ 炮8平9
⑥ 车二平三 _____
⑦ _____ _____
⑧ 马七进六 车1进1
⑨ 炮八平六 _____
⑩ _____ 车1平6

下图是由顺炮直车对缓开车布局演变而来的。请填出空白处的着法。用时 5 分钟。

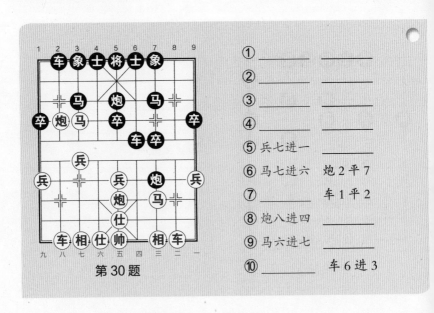

第30题

① _____ _____
② _____ _____
③ _____ _____
④ _____ _____
⑤ 兵七进一 _____
⑥ 马七进六 炮2平7
⑦ _____ 车1平2
⑧ 炮八进四 _____
⑨ 马六进七 _____
⑩ _____ 车6进3

下图是由中炮过河车对屏风马高车保马布局演变而来的。请填出空白处的着法。用时5分钟。

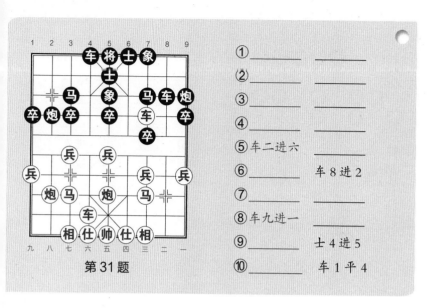

① _____ _____
② _____ _____
③ _____ _____
④ _____ _____
⑤ 车二进六 _____
⑥ _____ 车8进2
⑦ _____ _____
⑧ 车九进一 _____
⑨ _____ 士4进5
⑩ _____ 车1平4

第31题

下图是由顺炮直车对缓开车布局演变而来的。请填出空白处的着法。用时5分钟。

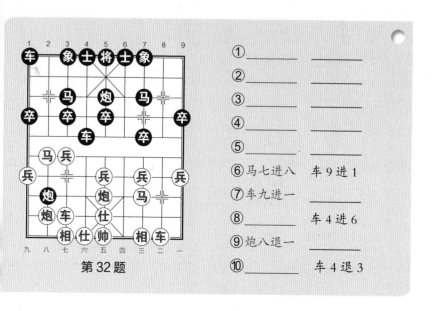

① _____ _____
② _____ _____
③ _____ _____
④ _____ _____
⑤ _____ _____
⑥ 马七进八 车9进1
⑦ 车九进一 _____
⑧ _____ 车4进6
⑨ 炮八退一 _____
⑩ _____ 车4退3

第32题

下图是由中炮过河车对屏风马左马盘河起横车布局演变而来的。请填出空白处的着法。用时 5 分钟。

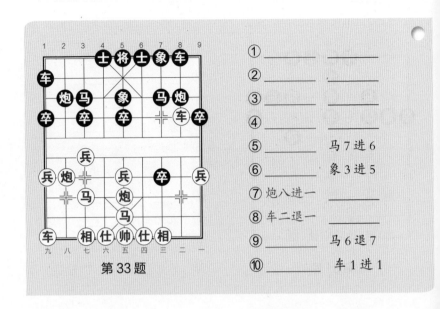

第 33 题

① _____ _____
② _____ _____
③ _____ _____
④ _____ _____
⑤ _____ 马 7 进 6
⑥ _____ 象 3 进 5
⑦ 炮八进一 _____
⑧ 车二退一 _____
⑨ _____ 马 6 退 7
⑩ _____ 车 1 进 1

下图是由顺炮直车对缓开车布局演变而来的。请填出空白处的着法。用时 5 分钟。

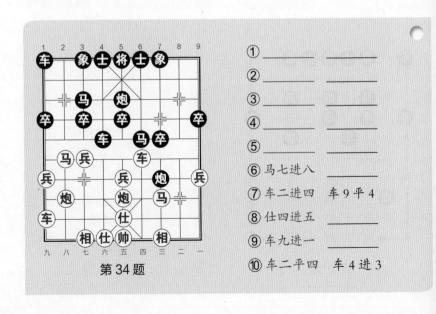

第 34 题

① _____ _____
② _____ _____
③ _____ _____
④ _____ _____
⑤ _____ _____
⑥ 马七进八 _____
⑦ 车二进四 车 9 平 4
⑧ 仕四进五 _____
⑨ 车九进一 _____
⑩ 车二平四 车 4 进 3

下图是由五九炮过河车对屏风马左马盘河布局演变而来的。请填出空白处的着法。用时5分钟。

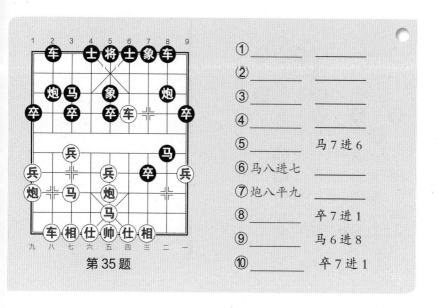

第35题

① _____ _____
② _____ _____
③ _____ _____
④ _____ _____
⑤ _____ 马7进6
⑥ 马八进七 _____
⑦ 炮八平九 _____
⑧ _____ 卒7进1
⑨ _____ 马6进8
⑩ _____ 卒7进1

下图是由顺炮直车对缓开车布局演变而来的。请填出空白处的着法。用时5分钟。

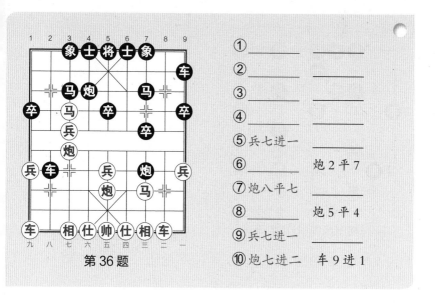

第36题

① _____ _____
② _____ _____
③ _____ _____
④ _____ _____
⑤ 兵七进一 _____
⑥ _____ 炮2平7
⑦ 炮八平七 _____
⑧ _____ 炮5平4
⑨ 兵七进一 _____
⑩ 炮七进二 车9进1

下图是由中炮过河车对屏风马左马盘河红方起横车布局演变而来的。请填出空白处的着法。用时 5 分钟。

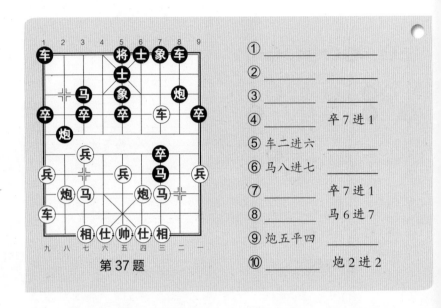

第37题

① _____ _____
② _____ _____
③ _____ _____
④ _____ 卒 7 进 1
⑤ 车二进六 _____
⑥ 马八进七 _____
⑦ _____ 卒 7 进 1
⑧ _____ 马 6 进 7
⑨ 炮五平四 _____
⑩ _____ 炮 2 进 2

下图是由顺炮直车对缓开车布局演变而来的。请填出空白处的着法。用时 5 分钟。

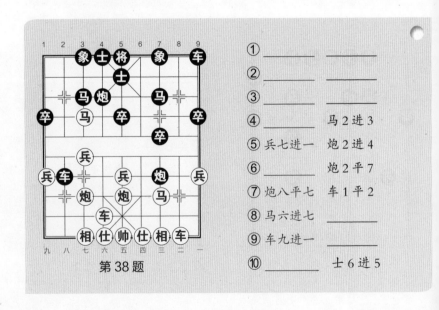

第38题

① _____ _____
② _____ _____
③ _____ _____
④ _____ 马 2 进 3
⑤ 兵七进一 炮 2 进 4
⑥ _____ 炮 2 平 7
⑦ 炮八平七 车 1 平 2
⑧ 马六进七 _____
⑨ 车九进一 _____
⑩ _____ 士 6 进 5

·36·

下图是由中炮过河车对屏风马左马盘河红方进中兵布局演变而来的。请填出空白处的着法。用时5分钟。

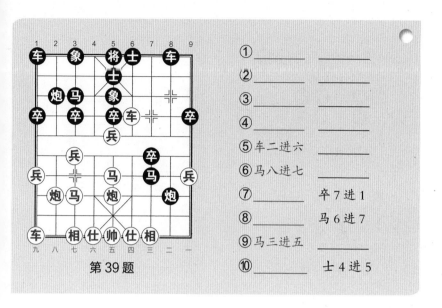

① _____ _____
② _____ _____
③ _____ _____
④ _____ _____
⑤ 车二进六 _____
⑥ 马八进七 _____
⑦ _____ 卒7进1
⑧ _____ 马6进7
⑨ 马三进五 _____
⑩ _____ 士4进5

第39题

下图是由顺炮直车对缓开车布局演变而来的。请填出空白处的着法。用时5分钟。

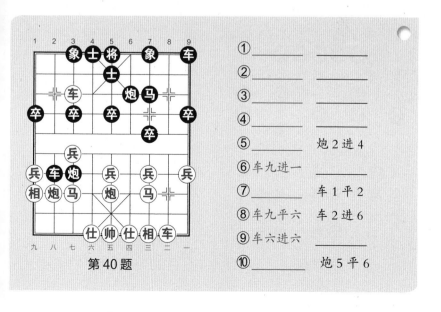

① _____ _____
② _____ _____
③ _____ _____
④ _____ _____
⑤ _____ 炮2进4
⑥ 车九进一 _____
⑦ _____ 车1平2
⑧ 车九平六 车2进6
⑨ 车六进六 _____
⑩ _____ 炮5平6

第40题

下图是由中炮过河车对屏风马左马盘河红方平车捉马布局演变而来的。请填出空白处的着法。用时 5 分钟。

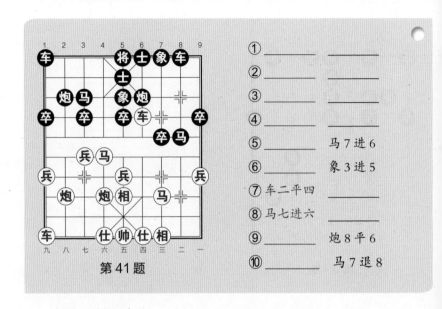

第 41 题

① ____ ____
② ____ ____
③ ____ ____
④ ____ ____
⑤ ____ 马 7 进 6
⑥ ____ 象 3 进 5
⑦ 车二平四 ____
⑧ 马七进六 ____
⑨ ____ 炮 8 平 6
⑩ ____ 马 7 退 8

下图是由顺炮直车对缓开车布局演变而来的。请填出空白处的着法。用时 5 分钟。

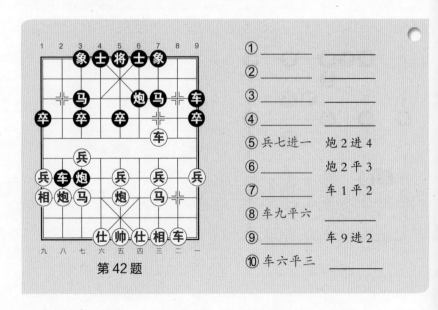

第 42 题

① ____ ____
② ____ ____
③ ____ ____
④ ____ ____
⑤ 兵七进一 炮 2 进 4
⑥ ____ 炮 2 平 3
⑦ ____ 车 1 平 2
⑧ 车九平六 ____
⑨ ____ 车 9 进 2
⑩ 车六平三 ____

下图是由中炮过河车对屏风马左马盘河黑方起横车布局演变而来的。请填出空白处的着法。用时 5 分钟。

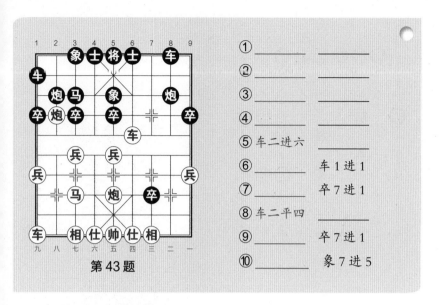

第43题

① _____ _____
② _____ _____
③ _____ _____
④ _____ _____
⑤ 车二进六 _____
⑥ _____ 车1进1
⑦ _____ 卒7进1
⑧ 车二平四 _____
⑨ _____ 卒7进1
⑩ _____ 象7进5

下图是由顺炮直车对缓开车布局演变而来的。请填出空白处的着法。用时 5 分钟。

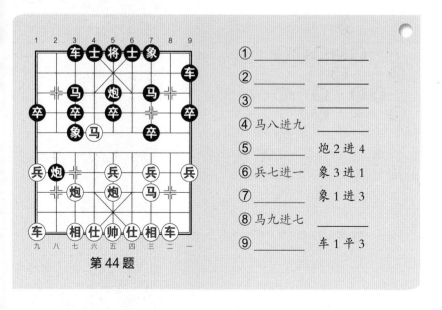

第44题

① _____ _____
② _____ _____
③ _____ _____
④ 马八进九 _____
⑤ _____ 炮2进4
⑥ 兵七进一 象3进1
⑦ _____ 象1进3
⑧ 马九进七 _____
⑨ _____ 车1平3

·39·

下图是由中炮七路马对屏风马右炮过河红方左马盘河布局演变而来的。请填出空白处的着法。用时5分钟。

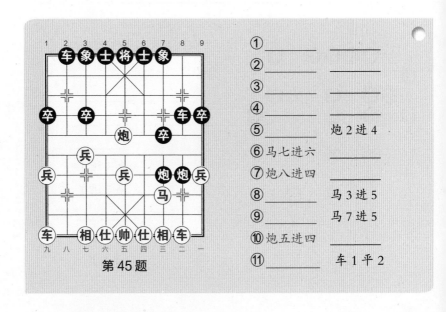

① _____ _____
② _____ _____
③ _____ _____
④ _____ _____
⑤ _____ 炮2进4
⑥ 马七进六 _____
⑦ 炮八进四 _____
⑧ _____ 马3进5
⑨ _____ 马7进5
⑩ 炮五进四 _____
⑪ _____ 车1平2

第45题

下图是由顺炮直车对缓开车布局演变而来的。请填出空白处的着法。用时5分钟。

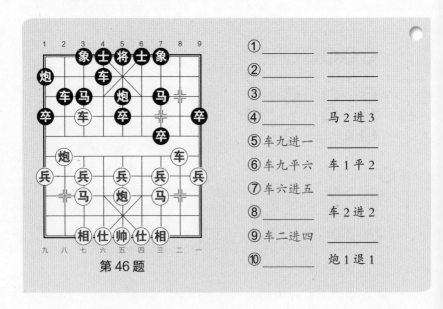

① _____ _____
② _____ _____
③ _____ _____
④ _____ 马2进3
⑤ 车九进一 _____
⑥ 车九平六 车1平2
⑦ 车六进五 _____
⑧ _____ 车2进2
⑨ 车二进四 _____
⑩ _____ 炮1退1

第46题

下图是由中炮七路马对屏风马双炮过河布局演变而来的。请填出空白处的着法。用时 5 分钟。

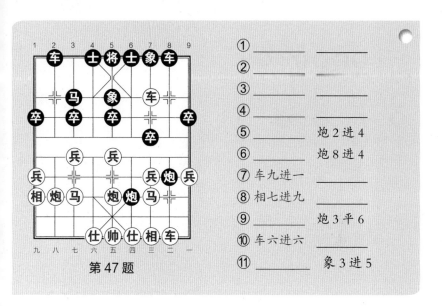

第 47 题

① _____ _____
② _____ _____
③ _____ _____
④ _____ _____
⑤ _____ 炮 2 进 4
⑥ _____ 炮 8 进 4
⑦ 车九进一 _____
⑧ 相七进九 _____
⑨ _____ 炮 3 平 6
⑩ 车六进六 _____
⑪ _____ 象 3 进 5

下图是由顺炮直车对缓开车布局演变而来的。请填出空白处的着法。用时 5 分钟。

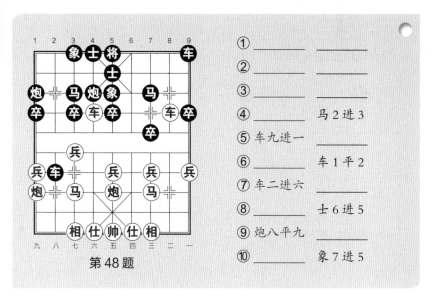

第 48 题

① _____ _____
② _____ _____
③ _____ _____
④ _____ 马 2 进 3
⑤ 车九进一 _____
⑥ _____ 车 1 平 2
⑦ 车二进六 _____
⑧ _____ 士 6 进 5
⑨ 炮八平九 _____
⑩ _____ 象 7 进 5

下图是由五八炮进三兵对屏风马布局演变而来的。请填出空白处的着法。用时 5 分钟。

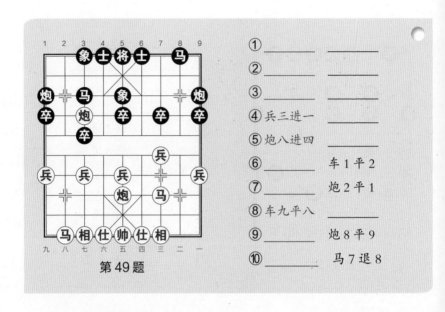

① _____ _____
② _____ _____
③ _____ _____
④ 兵三进一 _____
⑤ 炮八进四 _____
⑥ _____ 车 1 平 2
⑦ _____ 炮 2 平 1
⑧ 车九平八 _____
⑨ _____ 炮 8 平 9
⑩ _____ 马 7 退 8

第 49 题

下图是由顺炮直车对缓开车布局演变而来的。请填出空白处的着法。用时 5 分钟。

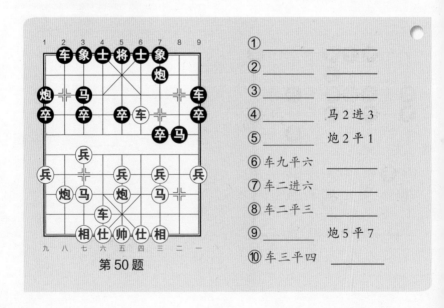

① _____ _____
② _____ _____
③ _____ _____
④ _____ 马 2 进 3
⑤ _____ 炮 2 平 1
⑥ 车九平六 _____
⑦ 车二进六 _____
⑧ 车二平三 _____
⑨ _____ 炮 5 平 7
⑩ 车三平四 _____

第 50 题

下图是由五八炮进三兵对屏风马布局演变而来的。请填出空白处的着法。用时5分钟。

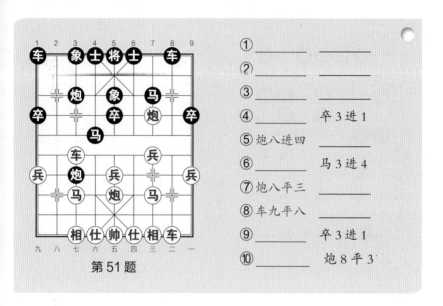

① _____ _____
② _____ _____
③ _____ _____
④ _____ 卒3进1
⑤ 炮八进四 _____
⑥ _____ 马3进4
⑦ 炮八平三 _____
⑧ 车九平八 _____
⑨ _____ 卒3进1
⑩ _____ 炮8平3

第51题

下图是由顺炮直车对缓开车布局演变而来的。请填出空白处的着法。用时5分钟。

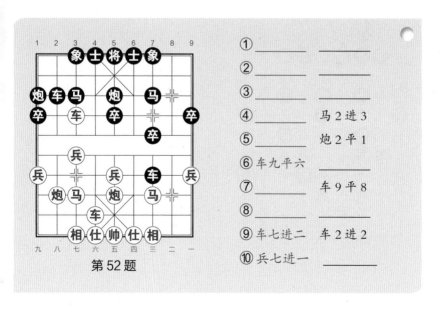

① _____ _____
② _____ _____
③ _____ _____
④ _____ 马2进3
⑤ _____ 炮2平1
⑥ 车九平六 _____
⑦ _____ 车9平8
⑧ _____ _____
⑨ 车七进二 车2进2
⑩ 兵七进一 _____

第52题

下图是由五七炮进三兵对屏风马黑方兑边卒布局演变而来的。请填出空白处的着法。用时 5 分钟。

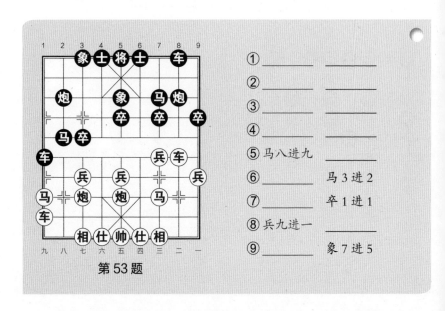

① _____ _____
② _____ _____
③ _____ _____
④ _____ _____
⑤ 马八进九 _____
⑥ _____ 马 3 进 2
⑦ _____ 卒 1 进 1
⑧ 兵九进一 _____
⑨ _____ 象 7 进 5

第 53 题

下图是由顺炮直车对缓开车布局演变而来的。请填出空白处的着法。用时 5 分钟。

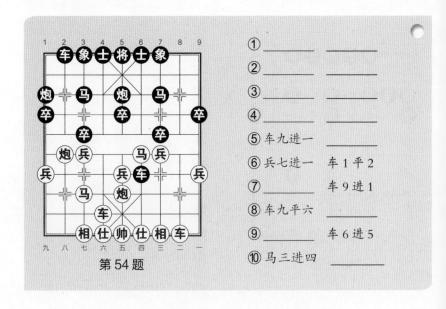

① _____ _____
② _____ _____
③ _____ _____
④ _____ _____
⑤ 车九进一 _____
⑥ 兵七进一 车 1 平 2
⑦ _____ 车 9 进 1
⑧ 车九平六 _____
⑨ _____ 车 6 进 5
⑩ 马三进四 _____

第 54 题

下图是五七炮进三兵对屏风马红方右车过河布局演变而来的。请填出空白处的着法。用时 5 分钟。

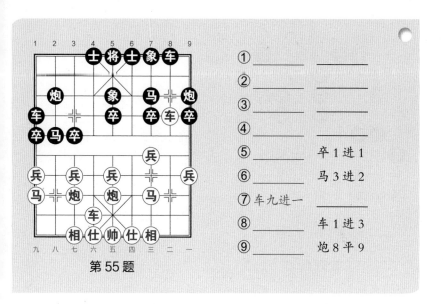

① _____	_____
② _____	_____
③ _____	_____
④ _____	_____
⑤ _____	卒 1 进 1
⑥ _____	马 3 进 2
⑦ 车九进一	_____
⑧ _____	车 1 进 3
⑨ _____	炮 8 平 9

第 55 题

下图是由顺炮缓开车对直车布局演变而来的。请填出空白处的着法。用时 5 分钟。

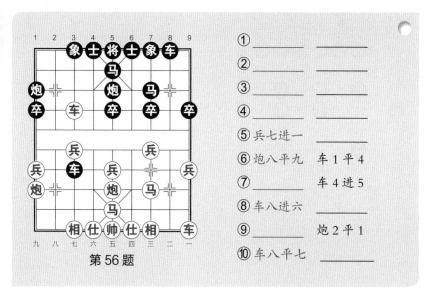

① _____	_____
② _____	_____
③ _____	_____
④ _____	_____
⑤ 兵七进一	_____
⑥ 炮八平九	车 1 平 4
⑦ _____	车 4 进 5
⑧ 车八进六	_____
⑨ _____	炮 2 平 1
⑩ 车八平七	_____

第 56 题

下图是由五七炮进三兵对屏风马布局演变而来的。请填出空白处的着法。用时 5 分钟。

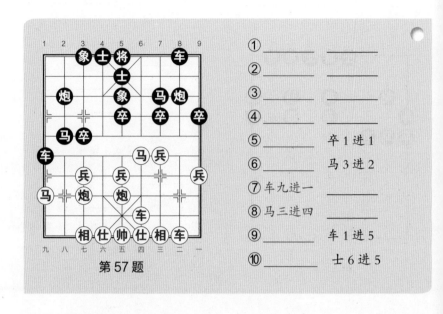

① _____ _____
② _____ _____
③ _____ _____
④ _____ _____
⑤ _____ 卒 1 进 1
⑥ _____ 马 3 进 2
⑦ 车九进一 _____
⑧ 马三进四 _____
⑨ _____ 车 1 进 5
⑩ _____ 士 6 进 5

第 57 题

下图是由顺炮缓开车对直车布局演变而来的。请填出空白处的着法。用时 5 分钟。

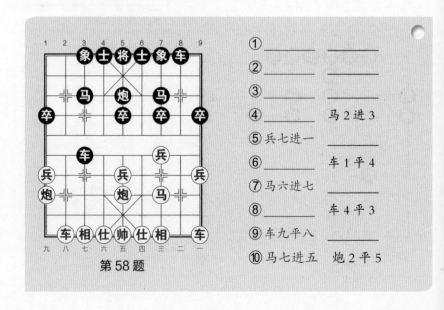

① _____ _____
② _____ _____
③ _____ _____
④ _____ 马 2 进 3
⑤ 兵七进一 _____
⑥ _____ 车 1 平 4
⑦ 马六进七 _____
⑧ _____ 车 4 平 3
⑨ 车九平八 _____
⑩ 马七进五 炮 2 平 5

第 58 题

下图是由五七炮进三兵对屏风马布局演变而来的。请填出空白处的着法。用时 5 分钟。

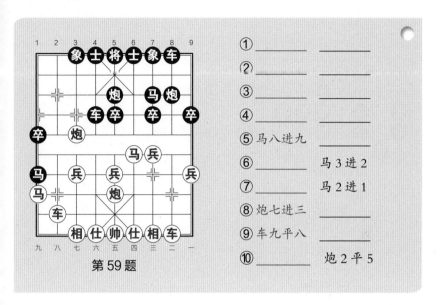

① ＿＿＿＿＿　＿＿＿＿＿
② ＿＿＿＿＿　＿＿＿＿＿
③ ＿＿＿＿＿　＿＿＿＿＿
④ ＿＿＿＿＿　＿＿＿＿＿
⑤ 马八进九　＿＿＿＿＿
⑥ ＿＿＿＿＿　马 3 进 2
⑦ ＿＿＿＿＿　马 2 进 1
⑧ 炮七进三　＿＿＿＿＿
⑨ 车九平八　＿＿＿＿＿
⑩ ＿＿＿＿＿　炮 2 平 5

第 59 题

下图是由顺炮缓开车对直车布局演变而来的。请填出空白处的着法。用时 5 分钟。

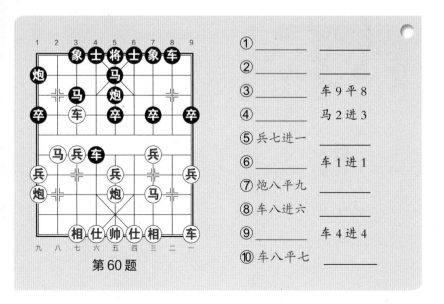

① ＿＿＿＿＿　＿＿＿＿＿
② ＿＿＿＿＿　＿＿＿＿＿
③ ＿＿＿＿＿　车 9 平 8
④ ＿＿＿＿＿　马 2 进 3
⑤ 兵七进一　＿＿＿＿＿
⑥ ＿＿＿＿＿　车 1 进 1
⑦ 炮八平九　＿＿＿＿＿
⑧ 车八进六　＿＿＿＿＿
⑨ ＿＿＿＿＿　车 4 进 4
⑩ 车八平七　＿＿＿＿＿

第 60 题

下面 2 个图均是由五六炮双正马对反宫马布局演变而来的。请填出空白处的着法。用时 12 分钟。

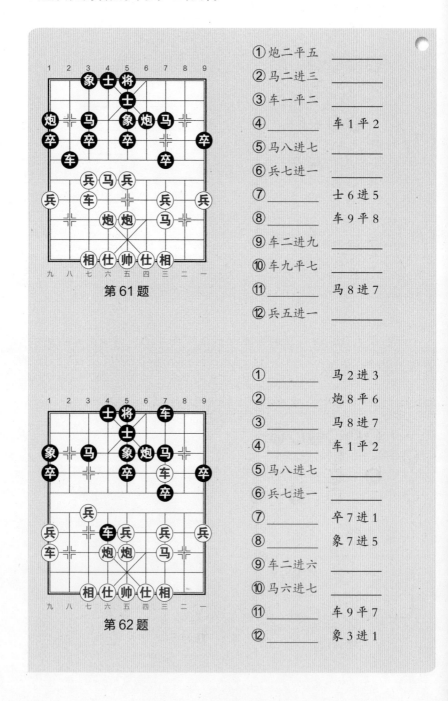

第61题

① 炮二平五 _____
② 马二进三 _____
③ 车一平二 _____
④ _____ 车1平2
⑤ 马八进七 _____
⑥ 兵七进一 _____
⑦ _____ 士6进5
⑧ _____ 车9平8
⑨ 车二进九 _____
⑩ 车九平七 _____
⑪ _____ 马8进7
⑫ 兵五进一 _____

第62题

① _____ 马2进3
② _____ 炮8平6
③ _____ 马8进7
④ _____ 车1平2
⑤ 马八进七 _____
⑥ 兵七进一 _____
⑦ _____ 卒7进1
⑧ _____ 象7进5
⑨ 车二进六 _____
⑩ 马六进七 _____
⑪ _____ 车9平7
⑫ _____ 象3进1

下面 2 个图均是由五六炮双正马对反宫马布局演变而来的。请填出空白处的着法。用时 12 分钟。

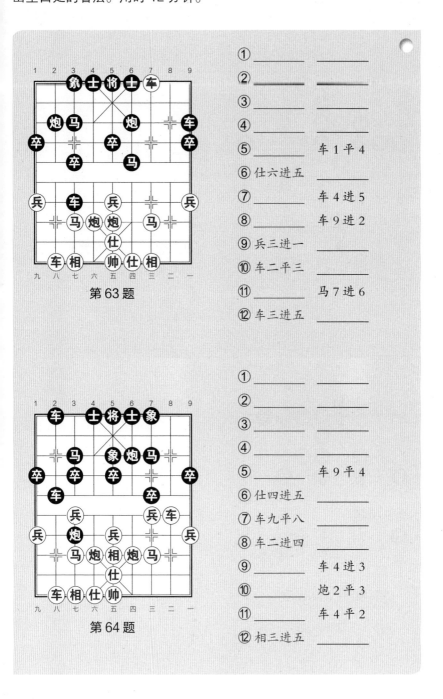

第63题

① _____	_____
② _____	_____
③ _____	_____
④ _____	_____
⑤ _____	车1平4
⑥ 仕六进五	_____
⑦ _____	车4进5
⑧ _____	车9进2
⑨ 兵三进一	_____
⑩ 车二平三	_____
⑪ _____	马7进6
⑫ 车三进五	

第64题

① _____	_____
② _____	_____
③ _____	_____
④ _____	_____
⑤ _____	车9平4
⑥ 仕四进五	_____
⑦ 车九平八	_____
⑧ 车二进四	_____
⑨ _____	车4进3
⑩ _____	炮2平3
⑪ _____	车4平2
⑫ 相三进五	_____

下面 2 个图均是由五七炮边马两头蛇对反宫马布局演变而来的。请填出空白处的着法。用时 12 分钟。

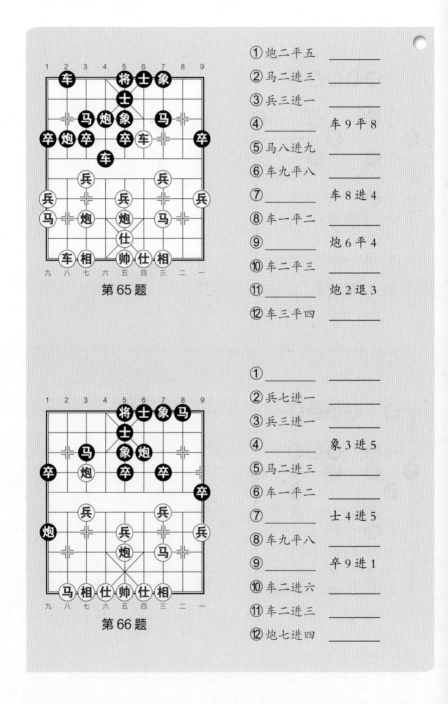

第65题

① 炮二平五 ＿＿＿＿＿＿
② 马二进三 ＿＿＿＿＿＿
③ 兵三进一 ＿＿＿＿＿＿
④ ＿＿＿＿＿＿ 车9平8
⑤ 马八进九 ＿＿＿＿＿＿
⑥ 车九平八 ＿＿＿＿＿＿
⑦ ＿＿＿＿＿＿ 车8进4
⑧ 车一平二 ＿＿＿＿＿＿
⑨ ＿＿＿＿＿＿ 炮6平4
⑩ 车二平三 ＿＿＿＿＿＿
⑪ ＿＿＿＿＿＿ 炮2退3
⑫ 车三平四 ＿＿＿＿＿＿

第66题

① ＿＿＿＿＿＿ ＿＿＿＿＿＿
② 兵七进一 ＿＿＿＿＿＿
③ 兵三进一 ＿＿＿＿＿＿
④ ＿＿＿＿＿＿ 象3进5
⑤ 马二进三 ＿＿＿＿＿＿
⑥ 车一平二 ＿＿＿＿＿＿
⑦ ＿＿＿＿＿＿ 士4进5
⑧ 车九平八 ＿＿＿＿＿＿
⑨ ＿＿＿＿＿＿ 卒9进1
⑩ 车二进六 ＿＿＿＿＿＿
⑪ 车二进三 ＿＿＿＿＿＿
⑫ 炮七进四 ＿＿＿＿＿＿

下面 2 个图均是由五七炮对反宫马布局演变而来的。请填出空白处的着法。用时 12 分钟。

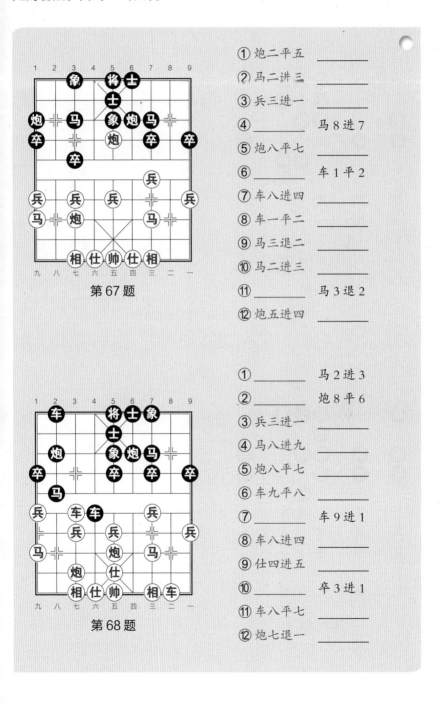

第 67 题

① 炮二平五　＿＿＿＿＿
② 马二进三　＿＿＿＿＿
③ 兵三进一　＿＿＿＿＿
④ ＿＿＿＿＿　马 8 进 7
⑤ 炮八平七　＿＿＿＿＿
⑥ ＿＿＿＿＿　车 1 平 2
⑦ 车八进四　＿＿＿＿＿
⑧ 车一平二　＿＿＿＿＿
⑨ 马三退二　＿＿＿＿＿
⑩ 马二进三　＿＿＿＿＿
⑪ ＿＿＿＿＿　马 3 退 2
⑫ 炮五进四　＿＿＿＿＿

第 68 题

① ＿＿＿＿＿　马 2 进 3
② ＿＿＿＿＿　炮 8 平 6
③ 兵三进一　＿＿＿＿＿
④ 马八进九　＿＿＿＿＿
⑤ 炮八平七　＿＿＿＿＿
⑥ 车九平八　＿＿＿＿＿
⑦ ＿＿＿＿＿　车 9 进 1
⑧ 车八进四　＿＿＿＿＿
⑨ 仕四进五　＿＿＿＿＿
⑩ ＿＿＿＿＿　卒 3 进 1
⑪ 车八平七　＿＿＿＿＿
⑫ 炮七退一　＿＿＿＿＿

下面 2 个图均是由五七炮对反宫马布局演变而来的。请填出空白处的着法。用时 12 分钟。

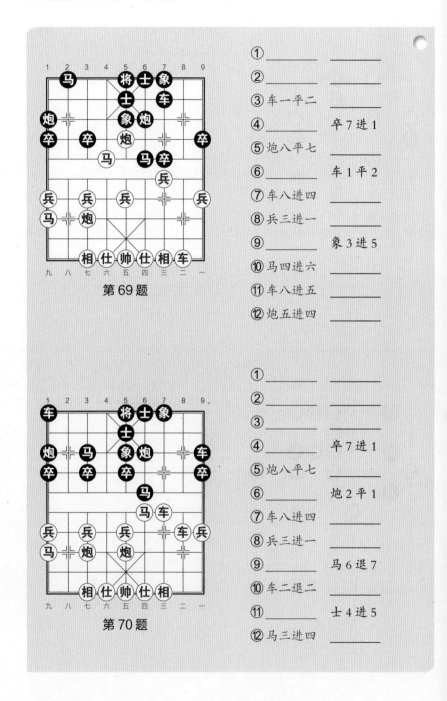

第 69 题

① _____ _____
② _____ _____
③ 车一平二 _____
④ _____ 卒 7 进 1
⑤ 炮八平七 _____
⑥ _____ 车 1 平 2
⑦ 车八进四 _____
⑧ 兵三进一 _____
⑨ _____ 象 3 进 5
⑩ 马四进六 _____
⑪ 车八进五 _____
⑫ 炮五进四 _____

第 70 题

① _____ _____
② _____ _____
③ _____ _____
④ _____ 卒 7 进 1
⑤ 炮八平七 _____
⑥ _____ 炮 2 平 1
⑦ 车八进四 _____
⑧ 兵三进一 _____
⑨ _____ 马 6 退 7
⑩ 车二退二 _____
⑪ _____ 士 4 进 5
⑫ 马三进四 _____

下面 2 个图均是由中炮进三兵对后补列炮布局演变而来的。请填出空白处的着法。用时 12 分钟。

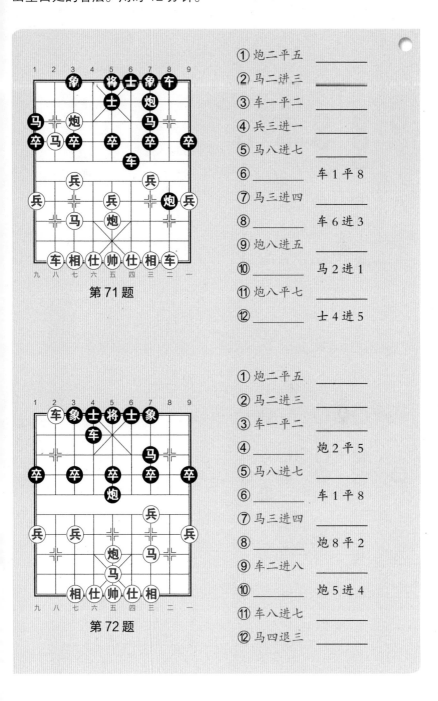

第71题

① 炮二平五 ＿＿＿＿＿
② 马二进三 ＿＿＿＿＿
③ 车一平二 ＿＿＿＿＿
④ 兵三进一 ＿＿＿＿＿
⑤ 马八进七 ＿＿＿＿＿
⑥ ＿＿＿＿＿ 车 1 平 8
⑦ 马三进四 ＿＿＿＿＿
⑧ ＿＿＿＿＿ 车 6 进 3
⑨ 炮八进五 ＿＿＿＿＿
⑩ ＿＿＿＿＿ 马 2 进 1
⑪ 炮八平七 ＿＿＿＿＿
⑫ ＿＿＿＿＿ 士 4 进 5

第72题

① 炮二平五 ＿＿＿＿＿
② 马二进三 ＿＿＿＿＿
③ 车一平二 ＿＿＿＿＿
④ ＿＿＿＿＿ 炮 2 平 5
⑤ 马八进七 ＿＿＿＿＿
⑥ ＿＿＿＿＿ 车 1 平 8
⑦ 马三进四 ＿＿＿＿＿
⑧ ＿＿＿＿＿ 炮 8 平 2
⑨ 车二进八 ＿＿＿＿＿
⑩ ＿＿＿＿＿ 炮 5 进 4
⑪ 车八进七 ＿＿＿＿＿
⑫ 马四退三 ＿＿＿＿＿

下面 2 个图均是由中炮进三兵对后补列炮布局演变而来的。请填出空白处的着法。用时 12 分钟。

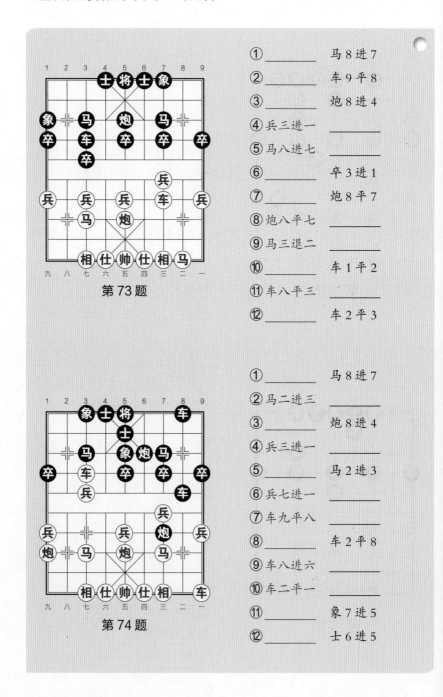

第 73 题

① _____   马 8 进 7
② _____   车 9 平 8
③ _____   炮 8 进 4
④ 兵三进一   _____
⑤ 马八进七   _____
⑥ _____   卒 3 进 1
⑦ _____   炮 8 平 7
⑧ 炮八平七   _____
⑨ 马三退二   _____
⑩ _____   车 1 平 2
⑪ 车八平三   _____
⑫ _____   车 2 平 3

第 74 题

① _____   马 8 进 7
② 马二进三   _____
③ _____   炮 8 进 4
④ 兵三进一   _____
⑤ _____   马 2 进 3
⑥ 兵七进一   _____
⑦ 车九平八   _____
⑧ _____   车 2 平 8
⑨ 车八进六   _____
⑩ 车二平一   _____
⑪ _____   象 7 进 5
⑫ _____   士 6 进 5

下面 2 个图均是由中炮直横车对屏风马两头蛇布局演变而来的。请填出空白处的着法。用时 12 分钟。

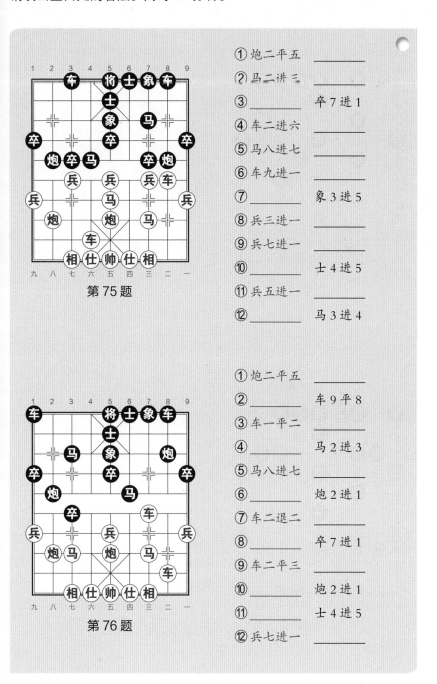

第 75 题

① 炮二平五　　　_____
② 马二进三　　　_____
③ _____　　　卒 7 进 1
④ 车二进六　　　_____
⑤ 马八进七　　　_____
⑥ 车九进一　　　_____
⑦ _____　　　象 3 进 5
⑧ 兵三进一　　　_____
⑨ 兵七进一　　　_____
⑩ _____　　　士 4 进 5
⑪ 兵五进一　　　_____
⑫ _____　　　马 3 进 4

第 76 题

① 炮二平五　　　_____
② _____　　　车 9 平 8
③ 车一平二　　　_____
④ _____　　　马 2 进 3
⑤ 马八进七　　　_____
⑥ _____　　　炮 2 进 1
⑦ 车二退二　　　_____
⑧ _____　　　卒 7 进 1
⑨ 车二平三　　　_____
⑩ _____　　　炮 2 进 1
⑪ _____　　　士 4 进 5
⑫ 兵七进一　　　_____

55

下面2个图均是由中炮直横车对屏风马两头蛇布局演变而来的。请填出空白处的着法。用时12分钟。

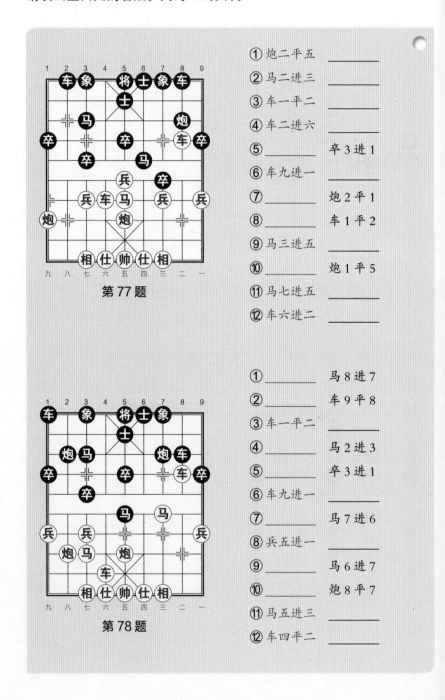

第77题

① 炮二平五 ＿＿＿＿
② 马二进三 ＿＿＿＿
③ 车一平二 ＿＿＿＿
④ 车二进六 ＿＿＿＿
⑤ ＿＿＿＿ 卒3进1
⑥ 车九进一 ＿＿＿＿
⑦ ＿＿＿＿ 炮2平1
⑧ ＿＿＿＿ 车1平2
⑨ 马三进五 ＿＿＿＿
⑩ ＿＿＿＿ 炮1平5
⑪ 马七进五 ＿＿＿＿
⑫ 车六进二 ＿＿＿＿

第78题

① ＿＿＿＿ 马8进7
② ＿＿＿＿ 车9平8
③ 车一平二 ＿＿＿＿
④ ＿＿＿＿ 马2进3
⑤ ＿＿＿＿ 卒3进1
⑥ 车九进一 ＿＿＿＿
⑦ ＿＿＿＿ 马7进6
⑧ 兵五进一 ＿＿＿＿
⑨ ＿＿＿＿ 马6进7
⑩ ＿＿＿＿ 炮8平7
⑪ 马五进三 ＿＿＿＿
⑫ 车四平二 ＿＿＿＿

下面 2 个图均是由飞相对左过宫炮布局演变而来的。请填出空白处的着法。用时 12 分钟。

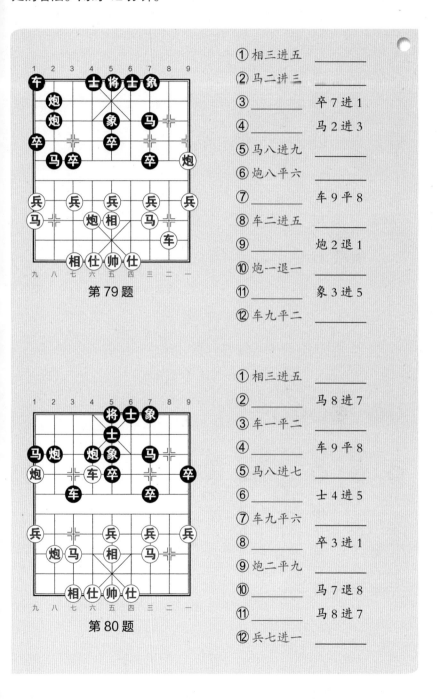

第 79 题

① 相三进五 ＿＿＿＿
② 马二进三 ＿＿＿＿
③ ＿＿＿＿ 卒 7 进 1
④ ＿＿＿＿ 马 2 进 3
⑤ 马八进九 ＿＿＿＿
⑥ 炮八平六 ＿＿＿＿
⑦ ＿＿＿＿ 车 9 平 8
⑧ 车二进五 ＿＿＿＿
⑨ ＿＿＿＿ 炮 2 退 1
⑩ 炮一退一 ＿＿＿＿
⑪ ＿＿＿＿ 象 3 进 5
⑫ 车九平二 ＿＿＿＿

第 80 题

① 相三进五 ＿＿＿＿
② ＿＿＿＿ 马 8 进 7
③ 车一平二 ＿＿＿＿
④ ＿＿＿＿ 车 9 平 8
⑤ 马八进七 ＿＿＿＿
⑥ ＿＿＿＿ 士 4 进 5
⑦ 车九平六 ＿＿＿＿
⑧ ＿＿＿＿ 卒 3 进 1
⑨ 炮二平九 ＿＿＿＿
⑩ ＿＿＿＿ 马 7 退 8
⑪ ＿＿＿＿ 马 8 进 7
⑫ 兵七进一 ＿＿＿＿

下面 2 个图均是由飞相对左过宫炮布局演变而来的。请填出空白处的着法。用时 12 分钟。

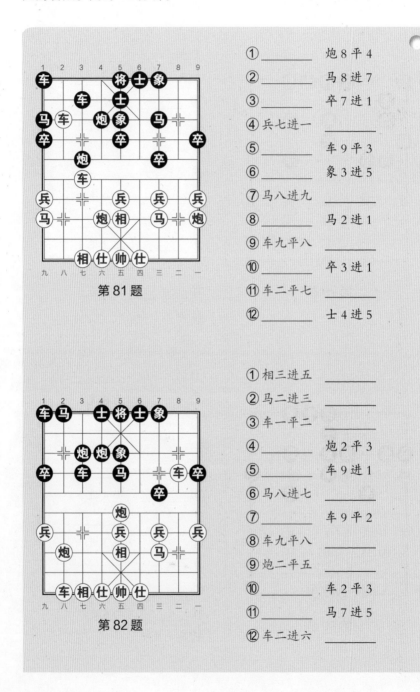

第81题

① _____ 炮 8 平 4
② _____ 马 8 进 7
③ _____ 卒 7 进 1
④ 兵七进一 _____
⑤ _____ 车 9 平 3
⑥ _____ 象 3 进 5
⑦ 马八进九 _____
⑧ _____ 马 2 进 1
⑨ 车九平八 _____
⑩ _____ 卒 3 进 1
⑪ 车二平七 _____
⑫ _____ 士 4 进 5

第82题

① 相三进五 _____
② 马二进三 _____
③ 车一平二 _____
④ _____ 炮 2 平 3
⑤ _____ 车 9 进 1
⑥ 马八进七 _____
⑦ _____ 车 9 平 2
⑧ 车九平八 _____
⑨ 炮二平五 _____
⑩ _____ 车 2 平 3
⑪ _____ 马 7 进 5
⑫ 车二进六 _____

· 58 ·

下面 2 个图均是由飞相对右士角炮布局演变而来的。请填出空白处的着法。用时 12 分钟。

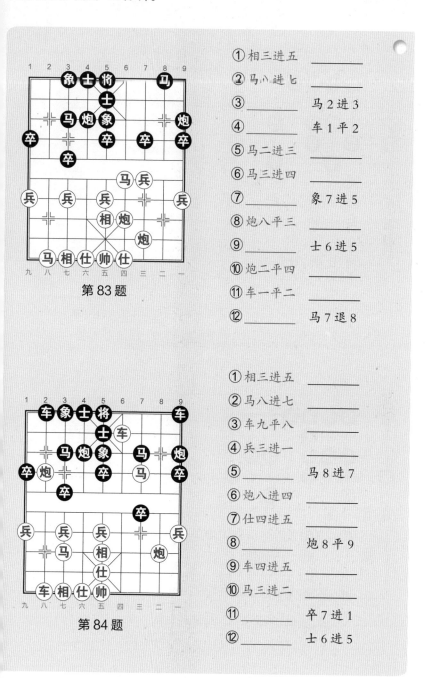

第83题

① 相三进五 ＿＿＿＿
② 马八进七 ＿＿＿＿
③ ＿＿＿＿ 马 2 进 3
④ ＿＿＿＿ 车 1 平 2
⑤ 马二进三 ＿＿＿＿
⑥ 马三进四 ＿＿＿＿
⑦ ＿＿＿＿ 象 7 进 5
⑧ 炮八平三 ＿＿＿＿
⑨ ＿＿＿＿ 士 6 进 5
⑩ 炮二平四 ＿＿＿＿
⑪ 车一平二 ＿＿＿＿
⑫ ＿＿＿＿ 马 7 退 8

第84题

① 相三进五 ＿＿＿＿
② 马八进七 ＿＿＿＿
③ 车九平八 ＿＿＿＿
④ 兵三进一 ＿＿＿＿
⑤ ＿＿＿＿ 马 8 进 7
⑥ 炮八进四 ＿＿＿＿
⑦ 仕四进五 ＿＿＿＿
⑧ ＿＿＿＿ 炮 8 平 9
⑨ 车四进五 ＿＿＿＿
⑩ 马三进二 ＿＿＿＿
⑪ ＿＿＿＿ 卒 7 进 1
⑫ ＿＿＿＿ 士 6 进 5

下面 2 个图均是由飞相对右士角炮布局演变而来的。请填出空白处的着法。用时 12 分钟。

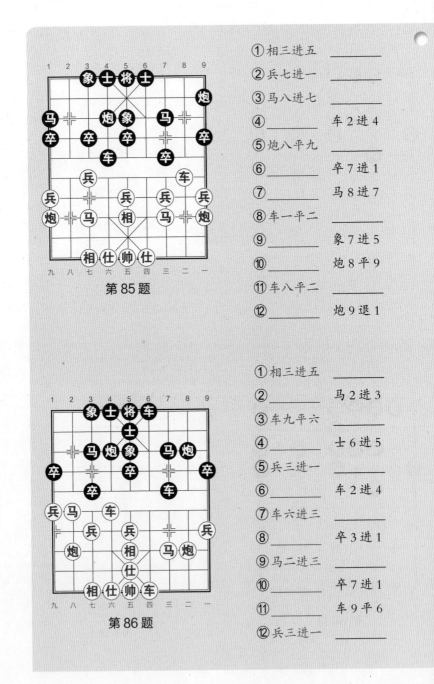

第 85 题

① 相三进五 _____
② 兵七进一 _____
③ 马八进七 _____
④ _____ 车 2 进 4
⑤ 炮八平九 _____
⑥ _____ 卒 7 进 1
⑦ _____ 马 8 进 7
⑧ 车一平二 _____
⑨ _____ 象 7 进 5
⑩ _____ 炮 8 平 9
⑪ 车八平二 _____
⑫ _____ 炮 9 退 1

第 86 题

① 相三进五 _____
② _____ 马 2 进 3
③ 车九平六 _____
④ _____ 士 6 进 5
⑤ 兵三进一 _____
⑥ _____ 车 2 进 4
⑦ 车六进三 _____
⑧ _____ 卒 3 进 1
⑨ 马二进三 _____
⑩ _____ 卒 7 进 1
⑪ _____ 车 9 平 6
⑫ 兵三进一 _____

下面 2 个图均是由飞相对左中炮布局演变而来的。请填出空白处的着法。用时 12 分钟。

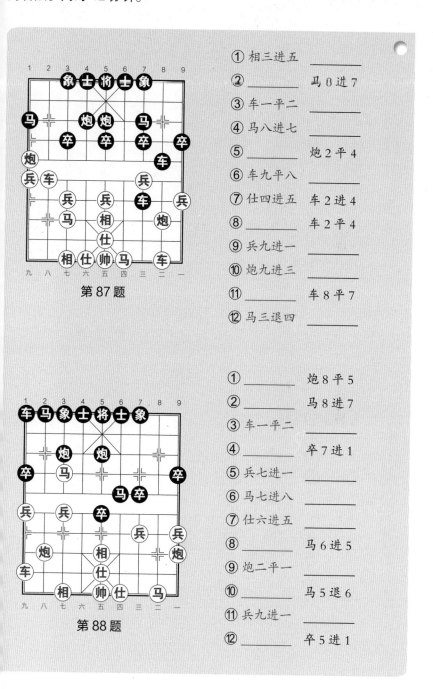

第 87 题

① 相三进五 _____
② _____ 马 8 进 7
③ 车一平二 _____
④ 马八进七 _____
⑤ _____ 炮 2 平 4
⑥ 车九平八 _____
⑦ 仕四进五 车 2 进 4
⑧ _____ 车 2 平 4
⑨ 兵九进一 _____
⑩ 炮九进三 _____
⑪ _____ 车 8 平 7
⑫ 马三退四 _____

第 88 题

① _____ 炮 8 平 5
② _____ 马 8 进 7
③ 车一平二 _____
④ _____ 卒 7 进 1
⑤ 兵七进一 _____
⑥ 马七进八 _____
⑦ 仕六进五 _____
⑧ _____ 马 6 进 5
⑨ 炮二平一 _____
⑩ _____ 马 5 退 6
⑪ 兵九进一 _____
⑫ _____ 卒 5 进 1

下面 2 个图均是由飞相对左中炮布局演变而来的。请填出空白处的着法。用时 12 分钟。

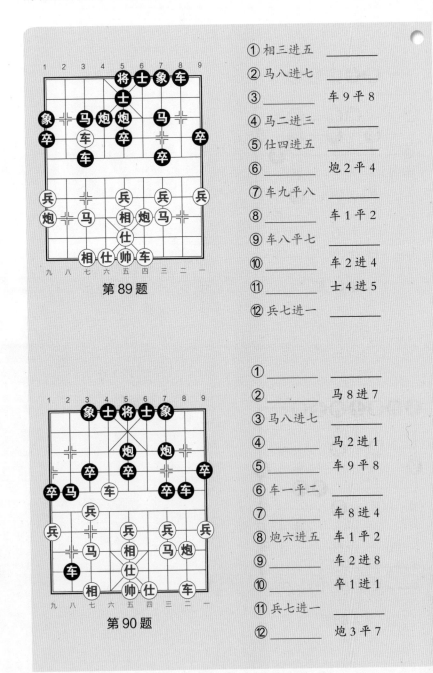

第 89 题

① 相三进五 _____
② 马八进七 _____
③ _____ 车 9 平 8
④ 马二进三 _____
⑤ 仕四进五 _____
⑥ _____ 炮 2 平 4
⑦ 车九平八 _____
⑧ _____ 车 1 平 2
⑨ 车八平七 _____
⑩ _____ 车 2 进 4
⑪ _____ 士 4 进 5
⑫ 兵七进一 _____

第 90 题

① _____ _____
② _____ 马 8 进 7
③ 马八进七 _____
④ _____ 马 2 进 1
⑤ _____ 车 9 平 8
⑥ 车一平二 _____
⑦ _____ 车 8 进 4
⑧ 炮六进五 车 1 平 2
⑨ _____ 车 2 进 8
⑩ _____ 卒 1 进 1
⑪ 兵七进一 _____
⑫ _____ 炮 3 平 7

大师级

布局练习

第 1 题：下图是五七炮进三兵对屏风马挺 3 卒布局第 13 个回合以后双方形成的局面。现在请把前面 13 个回合的着法写在横线上。用时 10 分钟。

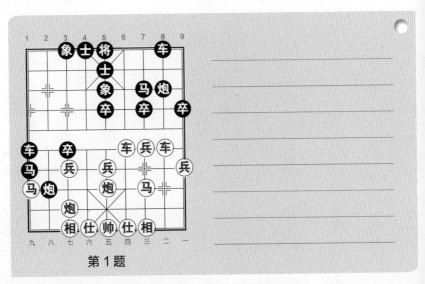

第 1 题

第 2 题：这是一则业余棋手之间的布局记录，请点评一下双方在布局阶段的得失关键，写出自己的见解。用时 20 分钟。

① 炮二平五　炮 2 平 5
② 马二进三　马 8 进 7
③ 车一平二　马 2 进 3
④ 炮八平六　士 6 进 5
⑤ 马八进七　车 1 平 2
⑥ 车二进六　炮 5 平 4
⑦ 兵七进一　车 2 进 4
⑧ 车二退二　卒 7 进 1
⑨ 车九平八　车 2 平 4
⑩ 马七进六　车 4 平 1

第 3 题：下图是五七炮进三兵对屏风马挺 3 卒布局第 10 个回合以后双方形成的局面。现在请把前面 10 个回合的着法写在横线上。用时 10 分钟。

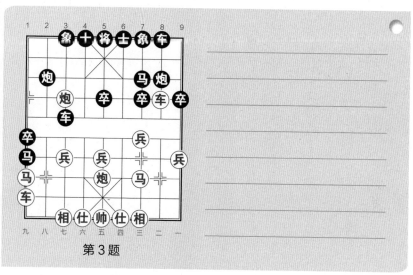

第 3 题

第 4 题：这是一则业余棋手之间的布局记录，请点评一下双方在布局阶段的得失关键，写出自己的见解。用时 20 分钟。

① 炮二平五　马 2 进 3
② 马二进三　炮 2 平 1
③ 车一平二　车 1 平 2
④ 马八进七　车 2 进 6
⑤ 相七进九　炮 8 平 6
⑥ 仕六进五　马 8 进 7
⑦ 兵三进一　卒 3 进 1
⑧ 马三进四　象 7 进 5
⑨ 车九平六　士 6 进 5
⑩ 车二进六　车 9 平 7
⑪ 马四进五　马 3 进 5
⑫ 炮五进四　车 2 进 1

第 5 题：下图是中炮过河车对屏风马平炮兑车红方进七路马变例第 11 个回合后双方形成的局面。现在请把前面 11 个回合的着法写在横线上。用时 10 分钟。

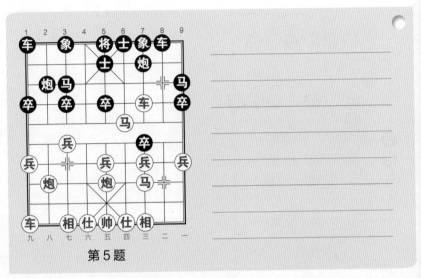

第 5 题

第 6 题：这是一则业余棋手之间的布局记录，请点评一下双方在布局阶段的得失关键，写出自己的见解。用时 20 分钟。

① 炮二平五　马 8 进 7
② 马二进三　卒 7 进 1
③ 车一平二　车 9 平 8
④ 车二进六　卒 3 进 1
⑤ 马八进九　马 2 进 3
⑥ 炮八平六　炮 2 进 1
⑦ 车二退二　士 4 进 5
⑧ 车九平八　车 1 平 2
⑨ 车八进四　炮 2 平 4
⑩ 兵九进一　车 2 进 5
⑪ 马九进八　炮 8 平 9
⑫ 车二平四　马 3 进 4

⑬ 马八进六　炮 4 进 4
⑭ 马六进四　车 8 进 1
⑮ 炮五退一　炮 4 退 5

第7题：下图是中炮巡河炮对屏风马布局第 12 个回合以后双方形成的局面。现在请把前面 12 个回合的着法写在横线上。用时 10 分钟。

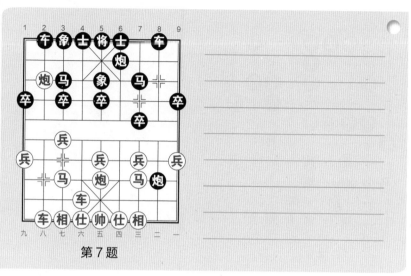

第7题

第8题：这是一则业余棋手之间的布局记录，请点评一下双方在布局阶段的得失关键，写出自己的见解。用时 20 分钟。

①炮八平五　马2进3
②马八进七　卒3进1
③车九平八　车1平2
④车八进六　马8进7
⑤兵三进一　炮2平1
⑥车八平七　炮1退1
⑦兵五进一　炮1平3
⑧车七平六　士6进5
⑨兵五进一　马3进2
⑩兵五进一　象7进5
⑪马七进五　车9平6
⑫车六平七　炮3进1

⑬马五进六　车2进2
⑭马六进四

第 9 题：下图是五七炮进三兵对屏风马挺 3 卒布局第 11 个回合以后双方形成的局面。现在请把前面 11 个回合的着法写在横线上。用时 10 分钟。

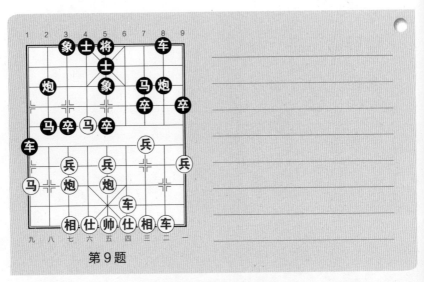

第 9 题

第 10 题：这是一则业余棋手之间的布局记录，请点评一下双方在布局阶段的得失关键，写出自己的见解。用时 20 分钟。

① 炮二平四　马 8 进 7
② 兵三进一　卒 3 进 1
③ 马二进三　车 9 平 8
④ 车一平二　炮 2 平 5
⑤ 马八进七　马 2 进 3
⑥ 车九平八　车 1 平 2
⑦ 车二进五　炮 8 平 9
⑧ 车二平七　炮 5 退 1
⑨ 炮八进四　炮 5 平 3
⑩ 炮八平七　车 2 进 9
⑪ 马七退八　炮 3 进 2
⑫ 车七进一　车 8 进 6

⑬ 炮四平六

第11题：下图是五七炮进三兵对屏风马挺3卒布局第11个回合以后双方形成的局面。现在请把前面11个回合的着法写在横线上。用时10分钟。

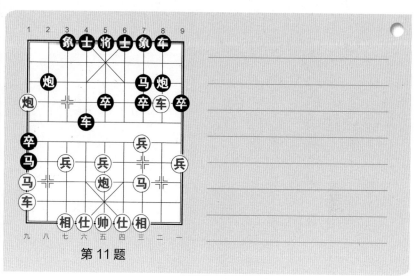

第11题

第12题：这是一则业余棋手之间的布局记录，请点评一下双方在布局阶段的得失关键，写出自己的见解。用时20分钟。

①炮二平五	马8进7
②马八进七	马2进3
③车九进一	卒7进1
④车九平四	卒3进1
⑤车四进三	炮2进2
⑥马二进三	马7进6
⑦兵七进一	炮8平6
⑧车四平二	卒3进1
⑨车二平七	象3进5
⑩马七进六	马6进4
⑪车七平六	车9平8
⑫兵三进一	卒7进1

| ⑬车六平三 | 士4进5 |
| ⑭马三进四 | 车1平4 |

·69·

第 13 题：下图是中炮直横车对屏风马两头蛇布局第 12 个回合以后双方形成的局面。现在请把前面 12 个回合的着法写在横线上。用时 10 分钟。

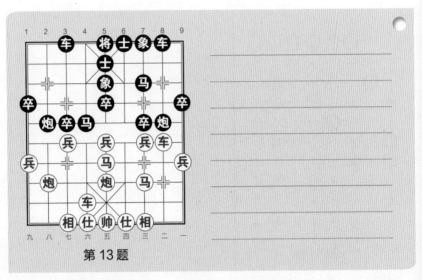

第 13 题

_____

_____

_____

_____

_____

_____

第 14 题：这是一则业余棋手之间的布局记录，请点评一下双方在布局阶段的得失关键，写出自己的见解。用时 20 分钟。

① 兵七进一	卒 7 进 1	⑬ 车二进六	车 8 进 2
② 马二进三	马 8 进 7		
③ 炮八平六	炮 2 平 6	_____	
④ 马八进七	马 2 进 3		
⑤ 车九平八	马 7 进 6	_____	
⑥ 相七进五	象 7 进 5		
⑦ 兵一进一	车 1 进 1	_____	
⑧ 仕四进五	车 1 平 4		
⑨ 炮二平一	车 9 平 8	_____	
⑩ 炮一进四	炮 8 平 9		
⑪ 兵一进一	车 8 进 3	_____	
⑫ 车一平二	车 4 平 8		

第 15 题：下图是中炮直横车对屏风马两头蛇布局第 12 个回合以后双方形成的局面。现在请把前面 12 个回合的着法写在横线上。用时 10 分钟。

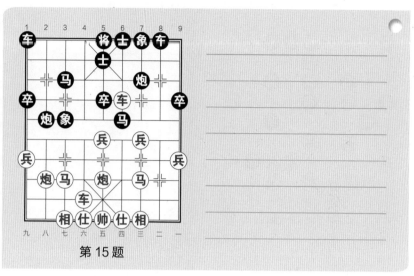

第 15 题

_____

_____

_____

_____

_____

_____

_____

_____

第 16 题：这是一则业余棋手之间的布局记录，请点评一下双方在布局阶段的得失关键，写出自己的见解。用时 20 分钟。

① 炮二平五　炮 8 平 5

② 马二进三　车 9 进 1

③ 车一平二　马 8 进 7

④ 车二进四　车 9 平 4

⑤ 兵七进一　卒 7 进 1

⑥ 马八进七　马 2 进 3

⑦ 炮八进二　马 7 进 6

⑧ 马七进六　马 6 进 4

⑨ 炮八平六　车 1 平 2

⑩ 炮五平六　车 4 平 6

⑪ 相七进五　炮 2 进 7

⑫ 仕六进五　车 2 进 7

_____

_____

_____

_____

_____

_____

第17题：下图是中炮横车七路马对屏风马挺7卒布局第12个回合以后双方形成的局面。现在请把前面12个回合的着法写在横线上。用时10分钟。

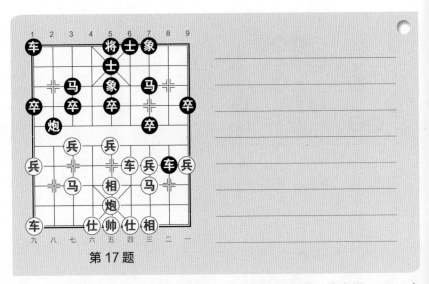

第17题

_____

_____

_____

_____

_____

_____

第18题：这是一则业余棋手之间的布局记录，请点评一下双方在布局阶段的得失关键，写出自己的见解。用时20分钟。

①兵七进一　炮2平3
②炮二平五　炮8平5
③马二进三　马8进7
④车一平二　车9进1
⑤炮八平六　车9平4
⑥仕六进五　马2进1
⑦马八进七　车1平2
⑧车二进四　车4进5
⑨马七进六　车2进4
⑩马六进五　马7进5
⑪炮五进四　士4进5
⑫相七进五　车2平5

⑬车二平五　车5平2
⑭兵三进一

_____

_____

_____

_____

_____

_____

第 19 题：下图是中炮过河车对屏风马左马盘河布局黑方起右横车变例第 12 个回合以后双方形成的局面。现在请把前面 12 个回合的着法写在横线上。用时 10 分钟。

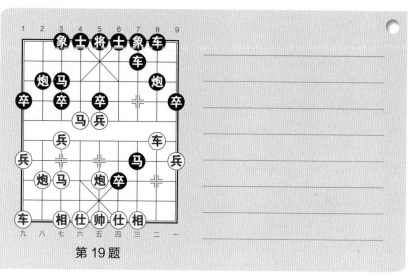

第 19 题

第 20 题：这是一则业余棋手之间的布局记录，请点评一下双方在布局阶段的得失关键，写出自己的见解。用时 20 分钟。

① 炮二平五　马 8 进 7
② 马二进三　车 9 平 8
③ 车一平二　马 2 进 3
④ 兵七进一　卒 7 进 1
⑤ 车二进六　炮 8 平 9
⑥ 车二平三　炮 9 退 1
⑦ 马八进七　车 1 进 1
⑧ 炮八平九　车 1 平 6
⑨ 车九平八　炮 9 平 7
⑩ 车八进七　炮 7 进 2
⑪ 车八平七　车 8 进 8
⑫ 炮五平六　炮 7 进 3

⑬ 相三进五　车 8 平 7
⑭ 炮九退一　车 7 平 3

第21题：下图是中炮过河车对屏风马左马盘河布局第13个回合以后双方形成的局面。现在请把前面13个回合的着法写在横线上。用时10分钟。

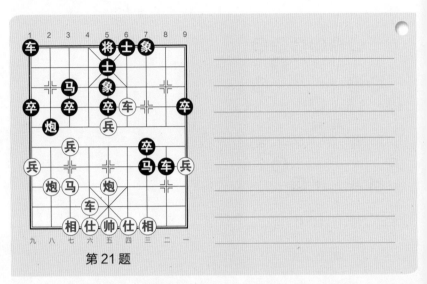

第21题

第22题：这是一则业余棋手之间的布局记录，请点评一下双方在布局阶段的得失关键，写出自己的见解。用时20分钟。

① 炮二平五　马8进7　　⑬ 相七进五　炮7平9

② 马二进三　车9平8　　⑭ 车八进四

③ 车一平二　炮8进4

④ 兵三进一　炮2平5

⑤ 马八进七　车1进1

⑥ 车九平八　车1平8

⑦ 炮八进五　炮8平7

⑧ 车二进八　炮7进3

⑨ 仕四进五　车8进1

⑩ 炮八平三　马2进1

⑪ 炮三平九　象3进1

⑫ 炮五进四　士6进5

第23题：下图是中炮过河车对屏风马左马盘河布局红方起左横车变例第12个回合以后双方形成的局面。现在请把前面12个回合的着法写在横线上。用时10分钟。

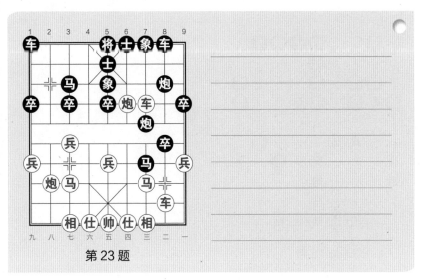

第23题

第24题：这是一则业余棋手之间的布局记录，请点评一下双方在布局阶段的得失关键，写出自己的见解。用时20分钟。

① 兵七进一	炮2平3	⑬ 车二平七	车2平7
② 炮二平五	马8进7	⑭ 车七进三	马1进3
③ 马二进三	车9平8		
④ 车一平二	马2进1		
⑤ 炮八进四	卒3进1		
⑥ 马八进九	车1平2		
⑦ 炮八平三	卒3进1		
⑧ 车二进四	车2进5		
⑨ 兵五进一	象7进5		
⑩ 兵五进一	卒5进1		
⑪ 马三进五	士6进5		
⑫ 炮五进三	车2退2		

第 25 题：下图是中炮过河车七路马对屏风马左马盘河第 12 个回合以后双方形成的局面。现在请把前面 12 个回合的着法写在横线上。用时 10 分钟。

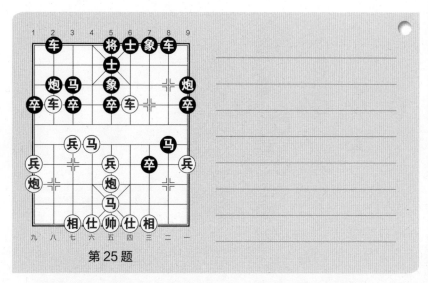

第 25 题

第 26 题：这是一则业余棋手之间的布局记录，请点评一下双方在布局阶段的得失关键，写出自己的见解。用时 20 分钟。

① 炮二平五　炮 8 平 5　　　　⑬ 车四平三　马 7 退 9

② 马二进三　车 9 进 1　　　　⑭ 兵七进一

③ 车一平二　马 8 进 7

④ 炮八平六　车 9 平 4

⑤ 仕六进五　马 2 进 3

⑥ 马八进七　卒 3 进 1

⑦ 车九平八　车 1 平 2

⑧ 车八进六　炮 2 平 1

⑨ 车八平七　车 2 进 2

⑩ 车七退一　炮 1 退 1

⑪ 车七平四　士 4 进 5

⑫ 车四进一　车 4 进 5

第 27 题：下图是中炮过河车七路马对屏风马左马盘河布局第 12 个回合以后双方形成的局面。现在请把前面 12 个回合的着法写在横线上。用时 10 分钟。

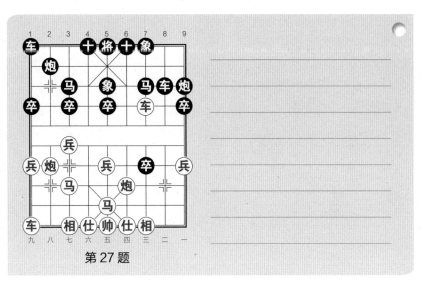

第 27 题

第 28 题：这是一则业余棋手之间的布局记录，请点评一下双方在布局阶段的得失关键，写出自己的见解。用时 20 分钟。

① 炮二平五　　炮 8 平 5
② 马二进三　　马 8 进 7
③ 车一平二　　车 9 进 1
④ 炮八平七　　马 2 进 1
⑤ 马八进九　　炮 2 平 3
⑥ 车九平八　　车 9 平 4
⑦ 仕四进五　　车 4 进 3
⑧ 车二进四　　卒 7 进 1
⑨ 兵三进一　　车 1 进 1
⑩ 兵九进一　　卒 1 进 1
⑪ 兵九进一　　车 4 平 1
⑫ 马三进四　　炮 5 进 4

第29题：下图是中炮过河车对屏风马平炮兑车红方跳边马变例的布局第 12 个回合以后双方形成的局面。现在请把前面 12 个回合的着法写在横线上。用时 10 分钟。

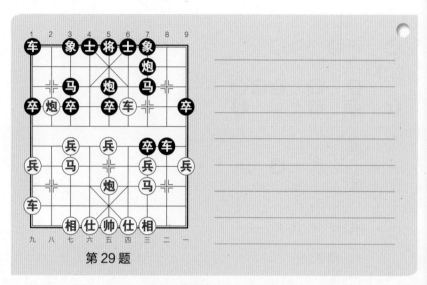

第29题

_____

_____

_____

_____

_____

_____

第30题：这是一则业余棋手之间的布局记录，请点评一下双方在布局阶段的得失关键，写出自己的见解。用时 20 分钟。

① 炮二平五　马 8 进 7
② 马二进三　车 9 平 8
③ 车一平二　马 2 进 3
④ 兵三进一　卒 3 进 1
⑤ 马八进九　卒 1 进 1
⑥ 炮八平七　马 3 进 2
⑦ 车九进一　象 3 进 5
⑧ 车九平六　车 1 进 3
⑨ 车二进六　炮 8 平 9
⑩ 车二进三　马 7 退 8
⑪ 兵五进一　马 2 进 1
⑫ 炮七退一　炮 2 进 5

⑬ 马三进四　马 8 进 7
⑭ 车六进二　炮 2 退 2

_____

_____

_____

_____

_____

第31题：下图是中炮过河车急进中兵对屏风马平炮兑车布局第12个回合以后，双方形成的局面。现在请把前面12个回合的着法写在横线上。用时10分钟。

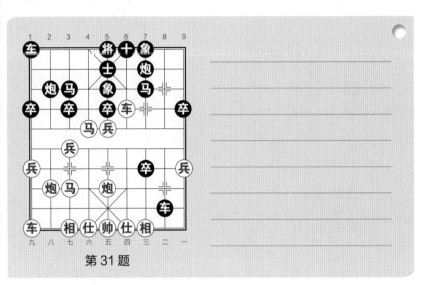

第31题

第32题：这是一则业余棋手之间的布局记录，请点评一下双方在布局阶段的得失关键，写出自己的见解。用时20分钟。

① 炮二平五　马8进7
② 马二进三　卒7进1
③ 车一平二　车9平8
④ 车二进六　马2进3
⑤ 兵七进一　炮8平9
⑥ 车二平三　车8进2
⑦ 炮八平七　象3进5
⑧ 马八进九　炮2退1
⑨ 车九平八　炮2平4
⑩ 车三平四　马7进8
⑪ 车四进二　炮4进6
⑫ 车四退五　士4进5
⑬ 仕六进五　炮4平7
⑭ 炮七平三　马8进9

第33题：下图是五九炮过河车对屏风马平炮兑车布局红方双炮过河变例第14个回合以后双方形成的局面。现在请把前面14个回合的着法写在横线上。用时10分钟。

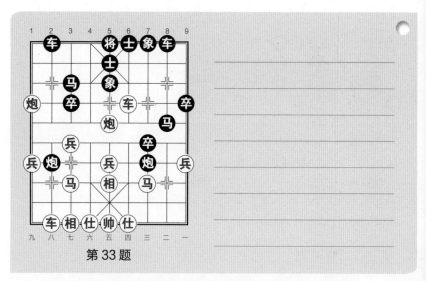

第33题

第34题：这是一则业余棋手之间的布局记录，请点评一下双方在布局阶段的得失关键，写出自己的见解。用时20分钟。

①马八进七　卒3进1

②炮二平五　马8进7

③马二进三　车9平8

④车一进一　马2进3

⑤车一平六　卒7进1

⑥兵五进一　象3进5

⑦兵七进一　卒3进1

⑧马七进五　卒3进1

⑨马五进七　炮2进4

⑩车九进一　车8进1

⑪车九平七　炮2平7

⑫相三进一　炮8进4

⑬车六平二　车1平2

⑭炮八平九　车2进5

第35题：下图是五九炮过河车对屏风马平炮兑车布局红方炮打中卒变例第13个回合以后双方形成的局面。现在请把前面13个回合的着法写在横线上。用时10分钟。

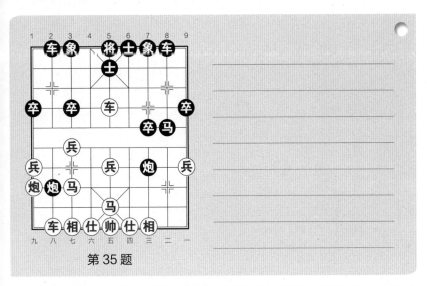

第35题

第36题：这是一则业余棋手之间的布局记录，请点评一下双方在布局阶段的得失关键，写出自己的见解。用时20分钟。

① 炮二平六	马8进7
② 马二进三	卒7进1
③ 车一平二	车9平8
④ 车二进四	炮8平9
⑤ 车二平六	炮2平6
⑥ 兵三进一	卒7进1
⑦ 车六平三	马7进8
⑧ 兵七进一	马2进3
⑨ 马八进七	马8进9
⑩ 马三进一	炮9进4
⑪ 车九平八	车1进1
⑫ 马七进六	车8进6

⑬ 马六进四　炮6进7

第 37 题：下图是五九炮过河车对屏风马平炮兑车布局红方左车过河变例第 13 个回合以后双方形成的局面。现在请把前面 13 个回合的着法写在横线上。用时 10 分钟。

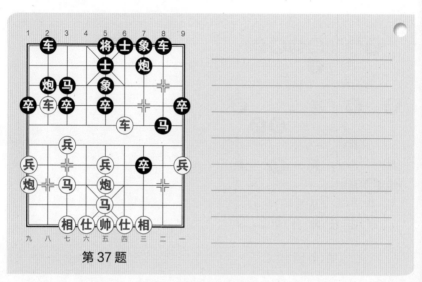

第 37 题

_____
_____
_____
_____
_____
_____
_____
_____
_____

第 38 题：这是一则业余棋手之间的布局记录，请点评一下双方在布局阶段的得失关键，写出自己的见解。用时 20 分钟。

① 炮二平五	炮 8 平 5	⑬ 马六进五	马 3 进 4
② 马二进三	卒 7 进 1	⑭ 仕四进五	象 7 进 5
③ 车一平二	马 8 进 7		
④ 兵七进一	炮 2 进 4		
⑤ 马八进七	马 2 进 3		
⑥ 马七进六	炮 2 平 7		
⑦ 炮八平七	车 1 平 2		
⑧ 马六进七	炮 5 平 4		
⑨ 车九进一	士 4 进 5		
⑩ 车九平四	卒 7 进 1		
⑪ 兵九进一	车 2 进 6		
⑫ 马七退六	车 2 平 4		

第 39 题：下图是五九炮过河车对屏风马平炮兑车布局红方肋车捉炮变例第 12 个回合以后双方形成的局面。现在请把前面 12 个回合的着法写在横线上。用时 10 分钟。

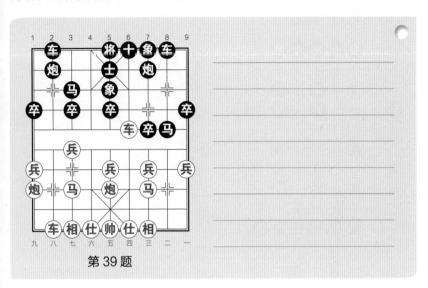

第 39 题

第 40 题：这是一则业余棋手之间的布局记录，请点评一下双方在布局阶段的得失关键，写出自己的见解。用时 20 分钟。

① 炮二平五　炮 8 平 5
② 车一进一　马 8 进 7
③ 车一平六　车 9 平 8
④ 马二进三　车 8 进 4
⑤ 马八进七　马 2 进 3
⑥ 车六进五　象 3 进 1
⑦ 车九进一　卒 3 进 1
⑧ 车九平六　士 4 进 5
⑨ 前车平七　车 1 平 3
⑩ 兵五进一　炮 2 进 4
⑪ 马七进五　炮 2 平 5
⑫ 马三进五　车 8 进 2

第41题：下图是中炮对屏风马左炮封车转列炮布局第12个回合以后双方形成的局面。现在请把前面12个回合的着法写在横线上。用时10分钟。

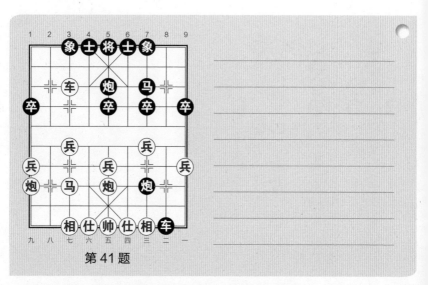

第41题

第42题：这是一则业余棋手之间的布局记录，请点评一下双方在布局阶段的得失关键，写出自己的见解。用时20分钟。

①炮二平五	马8进7
②马二进三	车9平8
③车一平二	炮8进4
④兵三进一	象3进5
⑤马三进四	炮8退2
⑥马八进七	卒3进1
⑦炮八平九	马2进4
⑧车九平八	车1平3
⑨车八进四	炮8进1
⑩车八平六	车3进1
⑪车二进三	卒7进1
⑫炮五平二	卒7进1

| ⑬炮二进二 | 车8进5 |
| ⑭车二进一 | 卒7平8 |

第43题：下图是中炮对左炮封车转列炮布局第 12 个回合以后双方形成的局面。现在请把前面 12 个回合的着法写在横线上。用时 10 分钟。

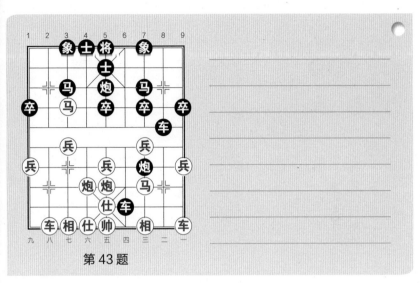

第43题

第44题：这是一则业余棋手之间的布局记录，请点评一下双方在布局阶段的得失关键，写出自己的见解。用时 20 分钟。

① 炮二平五　马8进7
② 马二进三　卒7进1
③ 车一平二　车9平8
④ 车二进六　马2进3
⑤ 兵七进一　炮8平9
⑥ 车二平三　炮9退1
⑦ 马八进七　士4进5
⑧ 车九进一　炮9平7
⑨ 车三平四　马7进8
⑩ 车九平二　炮7进5
⑪ 仕四进五　象3进5
⑫ 炮八进二　车1平4

⑬ 车四退三　炮7进3

第 45 题：下图是五六炮不进兵对反宫马布局第 11 个回合走棋后双方形成的局面。现在请把前面 11 个回合的着法写在横线上。用时 10 分钟。

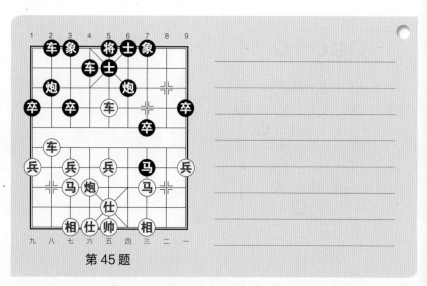

第 45 题

第 46 题：这是一则业余棋手之间的布局记录，请点评一下双方在布局阶段的得失关键，写出自己的见解，用时 20 分钟。

① 炮二平五　炮 8 平 5

② 马二进三　车 9 进 1

③ 车一平二　马 8 进 7

④ 马八进七　车 9 平 4

⑤ 炮八平九　马 2 进 3

⑥ 车九平八　车 1 平 2

⑦ 车八进六　炮 2 平 1

⑧ 车八进三　马 3 退 2

⑨ 兵七进一　车 4 进 5

⑩ 马七进八　车 4 平 3

⑪ 车二进四　炮 5 平 3

⑫ 马八进九　炮 3 进 3

⑬ 仕六进五　炮 3 进 4

⑭ 车二平八　车 3 平 1

第 47 题：下图是五六炮进七兵对反宫马布局第 11 个回合以后双方形成的局面。现在请把前面 11 个回合的着法写在横线上。用时 10 分钟。

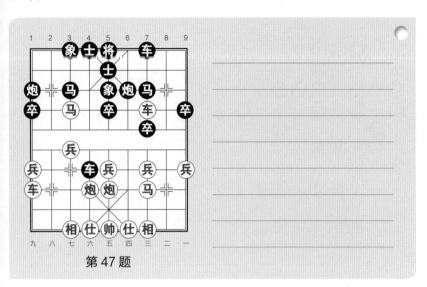

第 47 题

第 48 题：这是一则业余棋手之间的布局记录，请点评一下双方在布局阶段的得失关键，写出自己的见解。用时 20 分钟。

①炮二平五　炮 8 平 5
②马二进三　车 9 进 1
③车一平二　马 8 进 7
④马八进七　车 9 平 4
⑤兵三进一　马 2 进 3
⑥兵七进一　车 1 进 1
⑦相七进九　炮 2 平 1
⑧车二进五　车 1 平 2
⑨兵七进一　卒 3 进 1
⑩车二平七　车 4 进 1
⑪车九平八　车 2 进 5
⑫炮五平四　炮 5 退 1

⑬车七退一　炮 5 平 3
⑭车七平八　车 2 平 3

第 49 题：下图是五六炮进七兵对反宫马布局第 12 个回合以后双方形成的局面。现在请把前面 12 个回合的着法写在横线上。用时 10 分钟。

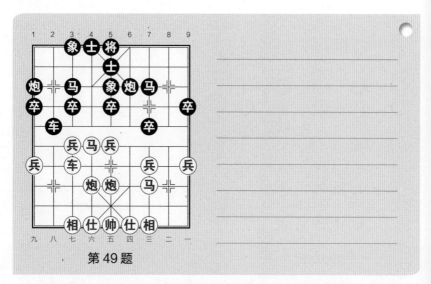

第 49 题

_____

_____

_____

_____

_____

_____

_____

_____

第 50 题：这是一则业余棋手之间的布局记录，请点评一下双方在布局阶段的得失关键，写出自己的见解。用时 20 分钟。

① 炮二平五　马 8 进 7
② 马二进三　卒 7 进 1
③ 车一平二　车 9 平 8
④ 车二进六　马 2 进 3
⑤ 兵七进一　马 7 进 6
⑥ 马八进七　象 7 进 5
⑦ 车九进一　卒 7 进 1
⑧ 车二退一　马 6 退 7
⑨ 车二退二　炮 2 进 4
⑩ 车二进三　炮 2 平 3
⑪ 相七进九　马 7 进 6
⑫ 车二退一　马 6 退 7

⑬ 车二平六　炮 3 平 7
⑭ 相三进一　炮 7 平 8

_____

_____

_____

_____

_____

_____

_____

第 51 题：下图是中炮巡河炮对屏风马布局第 12 个回合以后双方形成的局面。现在请把前面 12 个回合的着法写在横线上。用时 10 分钟。

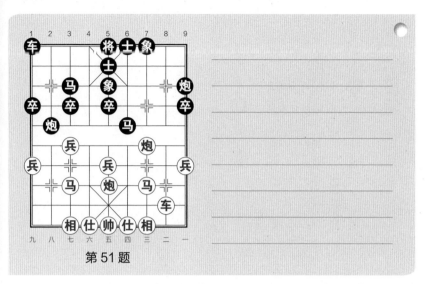

第 51 题

第 52 题：这是一则业余棋手之间的布局记录，请点评一下双方在布局阶段的得失关键，写出自己的见解。用时 20 分钟。

① 炮二平五　马 8 进 7
② 马二进三　车 9 平 8
③ 车一平二　马 2 进 3
④ 兵七进一　卒 7 进 1
⑤ 车二进六　炮 8 平 9
⑥ 车二进三　马 7 退 8
⑦ 马八进七　炮 2 进 4
⑧ 马七进六　炮 2 平 7
⑨ 相三进一　马 8 进 7
⑩ 兵五进一　象 3 进 5
⑪ 炮八平七　士 4 进 5
⑫ 马六进七　马 7 进 8

⑬ 马三进五　炮 9 进 4
⑭ 马五退三　炮 9 退 1

第 53 题：下图是五六炮进三兵对反宫马飞右象布局第 11 个回合以后双方形成的局面。现在请把前面 11 个回合的着法写在横线上。用时 10 分钟。

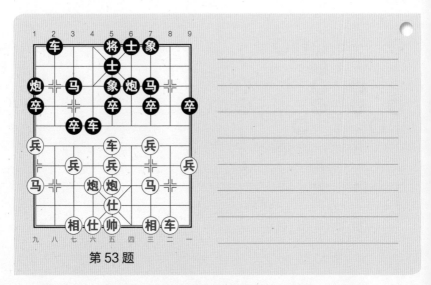

第 53 题

第 54 题：这是一则业余棋手之间的布局记录，请点评一下双方在布局阶段的得失关键，写出自己的见解。用时 20 分钟。

① 兵七进一　炮 2 平 3

② 炮八平五　炮 8 平 5

③ 马二进三　马 8 进 7

④ 车一平二　卒 3 进 1

⑤ 马八进九　卒 3 进 1

⑥ 车九平八　马 2 进 1

⑦ 炮二进四　卒 7 进 1

⑧ 车二进四　车 9 平 8

⑨ 车二平七　车 8 进 3

⑩ 车七进三　车 8 进 3

⑪ 车八进八　车 8 平 7

⑫ 车八平三　车 7 进 1

⑬ 车三退一　炮 5 进 4

⑭ 炮五进四

第 55 题：下图是五七炮进三兵对反宫马布局第 11 个回合以后双方形成的局面。现在请把前面 11 个回合的着法写在横线上。用时 10 分钟。

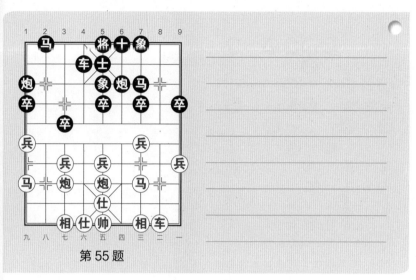

第 55 题

_____

_____

_____

_____

_____

_____

_____

第 56 题：这是一则业余棋手之间的布局记录，请点评一下双方在布局阶段的得失关键，写出自己的见解。用时 20 分钟。

① 兵三进一　炮 2 平 5

② 马八进七　马 2 进 3

③ 车九平八　车 1 平 2

④ 马二进三　马 8 进 7

⑤ 仕四进五　炮 8 平 9

⑥ 车一平二　车 9 平 8

⑦ 炮二进四　车 2 进 4

⑧ 炮八平九　车 2 平 6

⑨ 车八进四　卒 3 进 1

⑩ 车八平四　车 6 平 4

⑪ 车四进二　车 4 进 2

⑫ 马三进四　车 4 平 3

⑬ 车二进二　炮 5 平 4

⑭ 车四平三　象 7 进 5

_____

_____

_____

_____

_____

_____

第57题：下图是五八炮进三兵对反宫马布局第13个回合以后双方形成的局面。现在请把前面13个回合的着法写在横线上。用时10分钟。

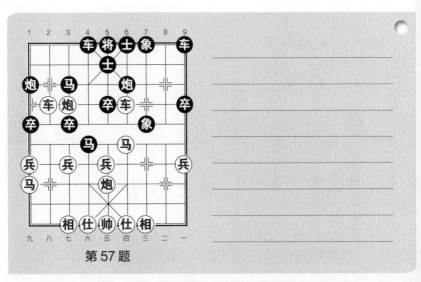

第57题

第58题：这是一则业余棋手之间的布局记录，请点评一下双方在布局阶段的得失关键，写出自己的见解。用时20分钟。

①炮二平五　马8进7
②马二进三　卒7进1
③车一平二　炮8进2
④马八进九　马2进3
⑤炮八平七　车1平2
⑥车九平八　炮2进4
⑦兵九进一　象7进5
⑧车二进四　炮2退2
⑨兵三进一　卒7进1
⑩车二平三　炮2平7
⑪车八进九　马3退2
⑫马三进四　士6进5
⑬车三平二　炮8退4
⑭马四进六　炮8平6

第 59 题：下图是五八炮进七兵对反宫马布局第 12 个回合时双方形成的局面。现在请把前面 12 个回合的着法写在横线上。用时 10 分钟。

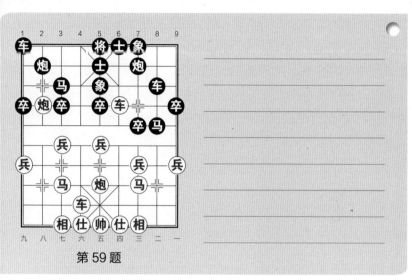

第 59 题

_____

_____

_____

_____

_____

_____

第 60 题：这是一则业余棋手之间的布局记录，请点评一下双方在布局阶段的得失关键，写出自己的见解。用时 20 分钟。

① 兵七进一　卒 7 进 1

② 炮二平三　炮 8 平 5

③ 炮八平五　马 2 进 3

④ 马八进七　马 8 进 7

⑤ 车九平八　马 7 进 6

⑥ 车八进六　炮 5 平 7

⑦ 车八退一　马 6 进 7

⑧ 车八平三　马 7 进 5

⑨ 相三进五　炮 7 进 5

⑩ 马二进三　象 7 进 5

⑪ 车三平八　车 1 平 2

⑫ 车八进一　炮 2 平 1

⑬ 车八平七　车 2 进 2

⑭ 马三进四　车 9 进 2

_____

_____

_____

_____

_____

_____

_____

参考答案

入门级

布局练习

第1题

① 炮二平五　炮8平5

② 马二进三　马8进7

③ 车一平二　车9进1

④ 兵三进一　车9平4

⑤ 马八进七　马2进3

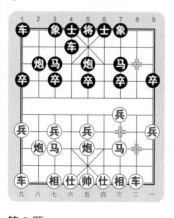

第2题

① 炮二平五　炮8平5

② 马二进三　马8进7

③ 车一平二　卒7进1

④ 兵七进一　马2进3

⑤ 马八进七　炮2进4

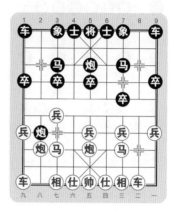

第3题

① 炮二平五　炮8平5

② 马二进三　马8进7

③ 车一进一　车9平8

④ 车一平六　车8进4

⑤ 马八进七　马2进3

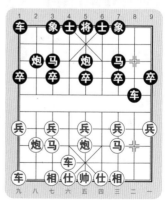

第 4 题

① 炮二平五　马 8 进 7
② 马二进三　车 9 平 8
③ 车一平二　炮 8 进 4
④ 兵三进一　炮 2 平 5
⑤ 兵七进一　马 2 进 3

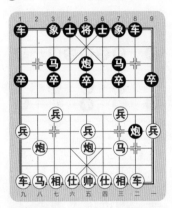

第 5 题

① 炮二平五　马 8 进 7
② 马二进三　车 9 平 8
③ 车一平二　炮 2 平 5
④ 车二进六　炮 8 平 9
⑤ 车二平三　车 8 进 2

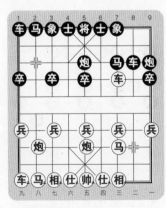

第 6 题

① 炮二平五　炮 2 平 5
② 马二进三　马 8 进 9
③ 车一平二　车 9 平 8
④ 兵七进一　马 2 进 3
⑤ 马八进七　车 1 平 2

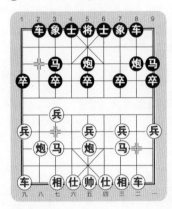

第 7 题

① 炮二平五　炮 2 平 5
② 马二进三　马 8 进 9
③ 炮五进四　士 4 进 5
④ 炮八平五　马 2 进 3
⑤ 马八进七　车 1 平 2

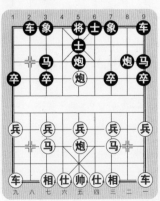

第8题

①炮二平五　马8进7

②马二进三　车9平8

③车一平二　卒7进1

④车二进六　马2进3

⑤兵七进一　炮8平9

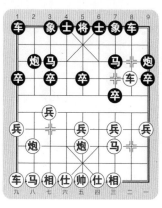

第9题

①炮二平五　马8进7

②马二进三　车9平8

③车一平二　马2进3

④兵三进一　卒3进1

⑤马八进九　卒1进1

⑥炮八平七　马3进2

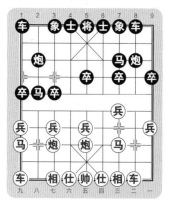

第10题

①炮二平五　马8进7

②马二进三　车9平8

③车一平二　马2进3

④兵三进一　卒3进1

⑤炮八进四　象7进5

⑥马八进九　卒1进1

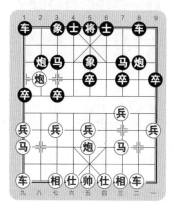

第11题

①炮二平五　马8进7

②马二进三　车9平8

③车一平二　卒3进1

④车二进四　马2进3

⑤兵七进一　卒3进1

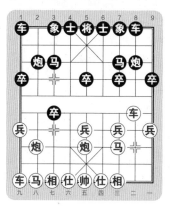

·97·

第 12 题

① 炮二平五　马 8 进 7

② 马二进三　车 9 平 8

③ 车一进一　马 2 进 3

④ 马八进七　卒 7 进 1

⑤ 兵七进一　炮 2 进 4

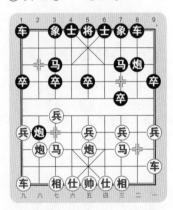

第 13 题

① 炮二平五　马 8 进 7

② 马二进三　车 9 平 8

③ 车一进一　马 2 进 3

④ 车一平六　卒 7 进 1

⑤ 马八进七　卒 3 进 1

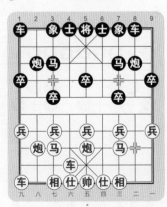

第 14 题

① 炮二平五　马 8 进 7

② 马二进三　车 9 平 8

③ 车一平二　卒 7 进 1

④ 车二进六　马 2 进 3

⑤ 兵七进一　马 7 进 6

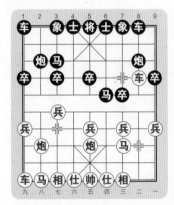

第 15 题

① 炮二平五　马 8 进 7

② 马二进三　车 9 平 8

③ 车一平二　卒 7 进 1

④ 车二进六　马 2 进 3

⑤ 马八进七　卒 3 进 1

⑥ 车九进一　炮 2 进 1

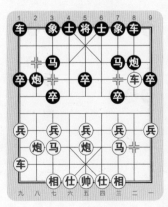

第16题

①炮二平五　马8进7

②马二进三　车9平8

③车一平二　马2进3

④兵七进一　卒7进1

⑤马八进七　炮2进4

⑥马七进六　炮2平7

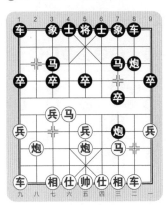

第17题

①炮二平五　马8进7

②马二进三　车9平8

③车一平二　马2进3

④兵七进一　卒7进1

⑤马八进七　炮2进4

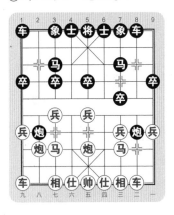

⑥兵五进一　炮8进4

第18题

①炮二平五　马8进7

②马二进三　车9平8

③车一平二　马2进3

④兵三进一　卒3进1

⑤马八进九　卒1进1

⑥炮八平六　炮8进2

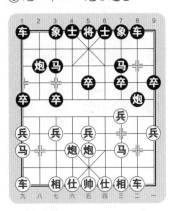

第19题

①炮二平五　马8进7

②马二进三　车9平8

③车一平二　马2进3

④马八进九　卒7进1

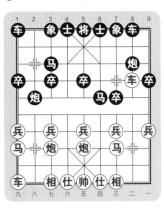

⑤ 炮八平七　炮2进2

⑥ 车二进六　马7进6

第20题

① 炮二平五　马8进7

② 马二进三　车9平8

③ 兵七进一　卒7进1

④ 马八进七　马2进3

⑤ 车一进一　象3进5

⑥ 车一平四　炮8平9

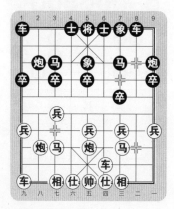

第21题

① 炮二平五　马8进7

② 马二进三　车9平8

③ 兵七进一　卒7进1

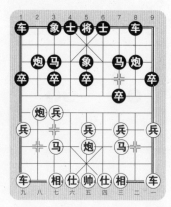

④ 马八进七　马2进3

⑤ 炮八进二　象7进5

第22题

① 炮二平五　马8进7

② 马二进三　车9平8

③ 兵三进一　炮8平9

④ 马八进七　卒3进1

⑤ 炮八进四　马2进3

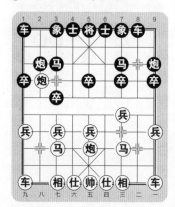

第23题

① 炮二平五　马8进7

② 兵三进一　车9平8

③ 马二进三　炮8平9

④ 马八进七　象3进5

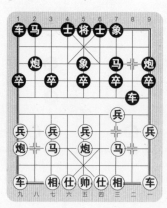

· 100 ·

⑤炮八平九　车8进4

第24题

①炮二平五　马8进7

②兵三进一　车9平8

③马二进三　炮8平9

④马八进七　炮2平5

⑤车九平八　马2进3

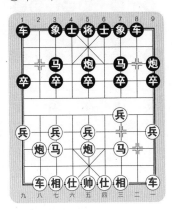

第25题

①炮二平五　马8进7

②马二进三　车9平8

③兵七进一　炮8平9

④马八进七　车8进5

⑤兵五进一　炮2平5

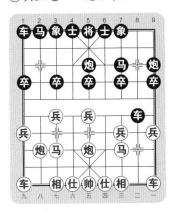

第26题

①炮二平五　马2进3

②马二进三　炮8平6

③车一平二　马8进7

④兵七进一　卒7进1

⑤车二进六　士4进5

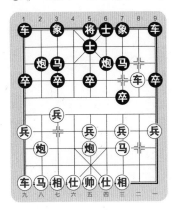

第27题

①炮二平五　马2进3

②马二进三　炮8平6

③车一平二　马8进7

④兵三进一　卒3进1

⑤马八进九　象3进5

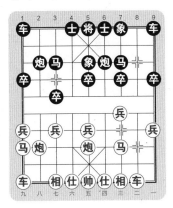

第28题

① 炮二平五　马2进3

② 马二进三　炮8平6

③ 车一平二　马8进7

④ 兵三进一　卒3进1

⑤ 马三进四　象7进5

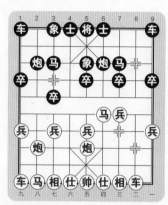

第29题

① 炮二平五　马2进3

② 马二进三　炮8平6

③ 车一平二　马8进7

④ 兵三进一　车9进1

⑤ 兵七进一　车9平4

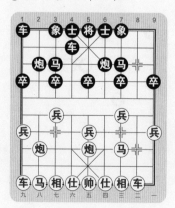

第30题

① 炮二平五　马2进3

② 马二进三　炮8平6

③ 车一平二　卒7进1

④ 车二进八　士4进5

⑤ 马八进七　炮2退1

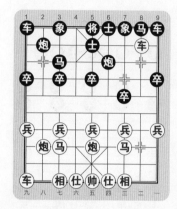

进阶级

布局练习

第1题

① 炮二平五　炮8平5

② 马二进三　马8进7

③ 兵三进一　车9进1

④ 车一平二　车9平4

⑤ 马八进七　马2进3

⑥ 兵七进一　车1进1

⑦ 仕六进五　车4进5

第2题

① 炮二平五　炮8平5

② 马二进三　马 8 进 7

③ 车一平二　车 9 进 1

④ 马八进七　马 2 进 1

⑤ 车二进四　车 9 平 4

⑥ 兵七进一　卒 7 进 1

⑦ 兵七进一　炮 2 平 3

第 3 题

① 炮二平五　炮 8 平 5

② 马二进三　马 8 进 7

③ 车一平二　车 9 进 1

④ 马八进七　车 9 平 4

⑤ 车二进四　马 2 进 3

⑥ 兵七进一　车 1 进 1

⑦ 仕六进五　卒 7 进 1

第 4 题

① 炮二平五　炮 8 平 5

② 马二进三　马 8 进 7

③ 车一平二　车 9 进 1

④ 马八进七　卒 3 进 1

⑤ 车二进四　马 2 进 1

⑥ 兵七进一　车 9 平 3

⑦ 兵七进一　车 3 进 3

第 5 题

① 炮二平五　炮 8 平 5

② 马二进三　马 8 进 7

③ 车一平二　车 9 进 1

④ 车二进六　车 9 平 4

⑤ 车二平三　马 2 进 3

⑥ 车三进一　炮 5 进 4

⑦ 马三进五　炮 2 平 7

⑧ 马五进四　炮 7 平 5

第 6 题

① 炮二平五　炮 8 平 5

② 马二进三　马 8 进 7

③ 车一平二　车 9 进 1

④ 马八进七　卒 3 进 1

⑤ 车二进五　车 9 平 3

⑥ 相七进九　炮 5 退 1

⑦ 士六进五　象 3 进 5

第 7 题

① 炮二平五　炮 8 平 5

② 马二进三　马 8 进 7

③ 车一平二　车 9 进 1

④ 车二进六　卒 3 进 1

⑤ 炮八平七　马 2 进 3

⑥ 兵七进一　马 3 进 4

⑦ 兵七进一　马 4 进 5

⑧ 车二平三　马 5 退 3

第 8 题

① 炮二平五　炮 8 平 5

② 马二进三　马 8 进 7

③ 车一平二　车 9 进 1

④ 马八进七　卒 3 进 1

⑤ 兵三进一　炮 2 平 3

⑥ 相七进九　马 2 进 1

⑦ 炮八进四　卒 3 进 1

⑧ 相九进七　马 1 进 3

第 9 题

① 炮二平五　炮 8 平 5

② 马二进三　马 8 进 7

③车一平二　车9进1
④马八进九　车9平4
⑤炮八平七　车4进6
⑥车九平八　车4平3
⑦车八进七　车3进2
⑧车二进六　车3退2

第10题

①炮二平五　炮8平5
②马二进三　马8进7
③车一平二　车9进1
④马八进七　车9平4
⑤兵三进一　马2进1
⑥马三进四　炮2平3
⑦车九平八　车1平2
⑧炮八进四　车4进6

第11题

①炮二平五　炮8平5
②马二进三　马8进7
③车一平二　车9进1
④车二进六　卒3进1
⑤炮八平七　马2进3
⑥兵七进一　马3进4
⑦兵七进一　马4进5
⑧车二平三　车9平4

第12题

①炮二平五　炮8平5
②马二进三　马8进7
③车一平二　车9进1
④马八进七　车9平4
⑤兵三进一　马2进1

⑥炮八平九　车1平2
⑦车九平八　车4进4
⑧车二进四　卒1进1

第13题

①炮二平五　炮8平5
②马二进三　马8进7
③车一平二　车9进1
④马八进九　马2进3
⑤炮八平七　车1平2
⑥兵七进一　车9平4
⑦兵七进一　卒5进1
⑧兵七进一　马3进5

第14题

①炮二平五　炮8平5
②马二进三　马8进7
③车一平二　车9进1
④马八进七　车9平4
⑤兵三进一　马2进3
⑥兵七进一　车1进1
⑦炮八进二　车1平3
⑧车九进二　马3退5
⑨车二进五　车4进7

第15题

①炮二平五　炮8平5
②车一进一　马8进7
③马二进三　车9平8
④车一平六　车8进4
⑤马八进七　士6进5
⑥兵三进一　马2进3
⑦车九进一　卒3进1

⑧ 马三进四　炮 5 平 6

⑨ 炮五平四　炮 2 平 1

⑩ 车六进五　车 1 平 2

第 16 题

① 炮二平五　炮 8 平 5

② 马二进二　马 8 进 7

③ 车一平二　车 9 进 1

④ 马八进七　车 9 平 4

⑤ 兵三进一　马 2 进 1

⑥ 马三进四　士 4 进 5

⑦ 兵七进一　炮 2 平 3

⑧ 车二进五　车 1 平 2

第 17 题

① 炮二平五　炮 8 平 5

② 马二进三　马 8 进 7

③ 车一平二　车 9 进 1

④ 马八进七　车 9 平 4

⑤ 兵三进一　车 4 进 4

⑥ 炮五平四　车 4 平 7

⑦ 车二进二　马 2 进 1

⑧ 相七进五　车 7 退 1

第 18 题

① 炮二平五　炮 8 平 5

② 马二进三　马 8 进 7

③ 车一进一　马 2 进 1

④ 车一平六　炮 2 平 3

⑤ 马八进七　车 1 平 2

⑥ 车九平八　车 2 进 6

⑦ 车六进六　炮 3 退 1

⑧ 炮八平九　车 2 平 3

第 19 题

① 炮二平五　炮 8 平 5

② 马二进三　马 8 进 7

③ 车一平二　车 9 进 1

④ 炮八平六　马 2 进 3

⑤ 马八进七　车 1 平 2

⑥ 车九平八　炮 2 进 4

⑦ 仕四进五　卒 7 进 1

⑧ 车二进四　车 9 平 4

⑨ 车二平七　象 3 进 1

第 20 题

① 炮二平五　炮 8 平 5

② 马二进三　马 8 进 7

③ 车一进一　马 2 进 1

④ 车一平六　炮 2 平 3

⑤ 马八进七　车 1 平 2

⑥ 车九平八　士 6 进 5

⑦ 炮八进四　车 9 平 8

⑧ 兵三进一　车 8 平 4

第 21 题

① 炮二平五　马 8 进 7

② 马二进三　车 9 平 8

③ 车一平二　马 2 进 3

④ 兵七进一　卒 7 进 1

⑤ 车二进六　炮 8 平 9

⑥ 车二平三　炮 9 退 1

⑦ 马八进七　士 4 进 5

⑧ 马七进六　炮 9 平 7

⑨ 车三平四　马 7 进 8

第22题

① 炮二平五　炮8平5

② 马二进三　马8进7

③ 车一进一　车9平8

④ 车一平六　车8进4

⑤ 马八进七　马2进3

⑥ 兵三进一　卒3进1

⑦ 车六进五　炮5平6

⑧ 车九进一　士4进5

⑨ 兵五进一　象3进5

第23题

① 炮二平五　马8进7

② 马二进三　车9平8

③ 车一平二　马2进3

④ 兵七进一　卒7进1

⑤ 车二进六　炮8平9

⑥ 车二平三　炮9退1

⑦ 马八进七　士4进5

⑧ 炮八平九　车1平2

⑨ 车九平八　炮9平7

⑩ 车三平四　马7进8

第24题

① 炮二平五　炮8平5

② 马二进三　马8进7

③ 车一进一　车9平8

④ 车一平六　车8进4

⑤ 马八进七　马2进3

⑥ 车六进五　炮2进2

⑦ 兵七进一　炮2平7

⑧ 马七进八　卒3进1

⑨ 兵七进一　炮7进3

⑩ 炮八平三　车8平3

第25题

① 炮二平五　马8进7

② 马二进三　车9平8

③ 车一平二　马2进3

④ 兵七进一　卒7进1

⑤ 车二进六　炮8平9

⑥ 车二平三　炮9退1

⑦ 兵五进一　士4进5

⑧ 兵五进一　炮9平7

⑨ 车三平四　卒7进1

第26题

① 炮二平五　炮8平5

② 马二进三　马8进7

③ 车一进一　车9平8

④ 车一平六　车8进4

⑤ 马八进七　马2进3

⑥ 兵三进一　卒3进1

⑦ 车九进一　炮2平1

⑧ 车六进五　车1平2

⑨ 车六平七　车2进2

⑩ 车九平六　士6进5

第27题

① 炮二平五　马8进7

② 马二进三　车9平8

③ 车一平二　马2进3

④ 兵七进一　卒7进1

⑤ 车二进六　炮8平9

⑥ 车二平三　炮9退1

⑦马八进九　车8进8

⑧兵五进一　车8平2

⑨炮八平七　马3退5

第28题

①炮二平五　炮8平5

②马二进三　马8进7

③车一平二　卒7进1

④马八进七　马2进3

⑤兵七进一　炮2进4

⑥马七进六　炮2平7

⑦车九平八　车1平2

⑧炮八进四　车9进1

⑨马六进五　车2进3

⑩车八进六　马3进5

第29题

①炮二平五　马8进7

②马二进三　车9平8

③车一平二　马2进3

④兵七进一　卒7进1

⑤车二进六　炮8平9

⑥车二平三　车8进2

⑦马八进七　象3进5

⑧马七进六　车1进1

⑨炮八平六　炮2进4

⑩马六进四　车1平6

第30题

①炮二平五　炮8平5

②马二进三　马8进7

③车一平二　卒7进1

④马八进七　马2进3

⑤兵七进一　炮2进4

⑥马七进六　炮2平7

⑦车九平八　车1平2

⑧炮八进四　车9进1

⑨马六进七　车9平6

⑩仕四进五　车6进3

第31题

①炮二平五　马8进7

②马二进三　车9平8

③车一平二　马2进3

④兵七进一　卒7进1

⑤车二进六　炮8平9

⑥车二平三　车8平2

⑦马八进七　象3进5

⑧车九进一　炮2进1

⑨车九平六　士4进5

⑩兵五进一　车1平4

第32题

①炮二平五　炮8平5

②马二进三　马8进7

③车一平二　卒7进1

④马八进七　马2进3

⑤兵七进一　炮2进4

⑥马七进八　车9进1

⑦车九进一　车9平4

⑧车九平七　车4进6

⑨炮八退一　炮2进1

⑩仕四进五　车4退3

第33题

①炮二平五　马8进7

② 马二进三　车9平8

③ 车一平二　马2进3

④ 兵七进一　卒7进1

⑤ 车二进六　马7进6

⑥ 马八进七　象3进5

⑦ 炮八进一　卒7进1

⑧ 车二退一　卒7进1

⑨ 马三退五　马6退7

⑩ 车二进一　车1进1

第34题

① 炮二平五　炮8平5

② 马二进三　马8进7

③ 车一平二　卒7进1

④ 马八进七　马2进3

⑤ 兵七进一　炮2进4

⑥ 马七进八　车9进1

⑦ 车二进四　车9平4

⑧ 仕四进五　马7进6

⑨ 车九进一　炮2平7

⑩ 车二平四　车4进3

第35题

① 炮二平五　马8进7

② 马二进三　车9平8

③ 车一平二　马2进3

④ 兵七进一　卒7进1

⑤ 车二进六　马7进6

⑥ 马八进七　象3进5

⑦ 炮八平九　车1平2

⑧ 车九平八　卒7进1

⑨ 车二平四　马6进8

⑩ 马三退五　卒7进1

第36题

① 炮二平五　炮8平5

② 马二进三　马8进7

③ 车一平二　卒7进1

④ 马八进七　马2进3

⑤ 兵七进一　炮2进4

⑥ 马七进八　炮2平7

⑦ 炮八平七　车1平2

⑧ 马八进七　炮5平4

⑨ 兵七进一　车2进6

⑩ 炮七进二　车9进1

第37题

① 炮二平五　马8进7

② 马二进三　车9平8

③ 车一平二　马2进3

④ 兵七进一　卒7进1

⑤ 车二进六　马7进6

⑥ 马八进七　象3进5

⑦ 车九进一　卒7进1

⑧ 车二平四　马6进7

⑨ 炮五平四　士4进5

⑩ 车四平三　炮2进2

第38天

① 炮二平五　炮8平5

② 马二进三　马8进7

③ 车一平二　卒7进1

④ 马八进七　马2进3

⑤ 兵七进一　炮2进4

⑥ 马七进六　炮2平7

⑦炮八平七　车1平2
⑧马六进七　炮5平4
⑨车九进一　车2进6
⑩车九平六　士6进5

第39题

①炮二平五　马8进7
②马二进三　车9平8
③车一平二　马2进3
④兵七进一　卒7进1
⑤车二进六　马7进6
⑥马八进七　象7进5
⑦兵五进一　卒7进1
⑧车二平四　马6进7
⑨马三进五　炮8进5
⑩兵五进一　士4进5

第40题

①炮二平五　炮8平5
②马二进三　马8进7
③车一平二　卒7进1
④马八进七　马2进3
⑤兵七进一　炮2进4
⑥车九进一　炮2平3
⑦相七进九　车1平2
⑧车九平六　车2进6
⑨车六进六　士6进5
⑩车六平七　炮5平6

第41题

①炮二平五　马8进7
②马二进三　车9平8
③车一平二　马2进3

④兵七进一　卒7进1
⑤车二进六　马7进6
⑥马八进七　象3进5
⑦车二平四　马6进7
⑧马七进六　士4进5
⑨炮五平六　炮8平6
⑩相七进五　马7退8

第42题

①炮二平五　炮8平5
②马二进三　马8进7
③车一平二　卒7进1
④马八进七　马2进3
⑤兵七进一　炮2进4
⑥车九进一　炮2平3
⑦相七进九　车1平2
⑧车九平六　车2进6
⑨车六进四　车9进2
⑩车六平三　炮5平6

第43题

①炮二平五　马8进7
②马二进三　车9平8
③车一平二　马2进3
④兵七进一　卒7进1
⑤车二进六　马7进6
⑥马八进七　车1进1
⑦兵五进一　卒7进1
⑧车二平四　卒7进1
⑨车四退一　卒7进1
⑩炮八进四　象7进5

第 44 题

① 炮二平五　炮 8 平 5

② 马二进三　马 8 进 7

③ 车一平二　卒 7 进 1

④ 马八进九　马 2 进 3

⑤ 炮八平七　炮 2 进 4

⑥ 兵七进一　象 3 进 1

⑦ 兵七进一　象 1 进 3

⑧ 马九进七　车 9 进 1

⑨ 马七进六　车 1 平 3

第 45 题

① 炮二平五　马 8 进 7

② 马二进三　车 9 平 8

③ 车一平二　马 2 进 3

④ 兵七进一　卒 7 进 1

⑤ 马八进七　炮 2 进 4

⑥ 马七进六　炮 2 平 7

⑦ 炮八进四　炮 8 进 4

⑧ 炮八平五　马 3 进 5

⑨ 马六进五　马 7 进 5

⑩ 炮五进四　车 8 进 3

⑪ 炮五退一　车 1 平 2

第 46 题

① 炮二平五　炮 8 平 5

② 马二进三　马 8 进 7

③ 车一平二　卒 7 进 1

④ 马八进七　马 2 进 3

⑤ 车九进一　炮 2 平 1

⑥ 车九平六　车 1 平 2

⑦ 车六进五　车 9 进 1

⑧ 车六平七　车 2 进 2

⑨ 车二进四　车 9 平 4

⑩ 炮八进二　炮 1 退 1

第 47 题

① 炮二平五　马 8 进 7

② 马二进三　车 9 平 8

③ 车一平二　马 2 进 3

④ 兵七进一　卒 7 进 1

⑤ 马八进七　炮 2 进 4

⑥ 兵五进一　炮 8 进 4

⑦ 车九进一　炮 2 平 3

⑧ 相七进九　车 1 平 2

⑨ 车九平六　炮 3 平 6

⑩ 车六进六　炮 6 进 1

⑪ 车六平三　象 3 进 5

第 48 题

① 炮二平五　炮 8 平 5

② 马二进三　马 8 进 7

③ 车一平二　卒 7 进 1

④ 马八进七　马 2 进 3

⑤ 车九进一　炮 2 平 1

⑥ 车九平六　车 1 平 2

⑦ 车二进六　车 2 进 6

⑧ 兵七进一　士 6 进 5

⑨ 炮八平九　炮 5 平 4

⑩ 车六进五　象 7 进 5

第 49 题

① 炮二平五　马 8 进 7

② 马二进三　车 9 平 8

③ 车一平二　马 2 进 3

④ 兵三进一　卒 3 进 1

⑤ 炮八进四　象 7 进 5

⑥ 炮八平七　车 1 平 2

⑦ 马八进七　炮 2 平 1

⑧ 车九平八　车 2 进 9

⑨ 马七退八　炮 8 平 9

⑩ 车二进九　马 7 退 8

第 50 题

① 炮二平五　炮 8 平 5

② 马二进三　马 8 进 7

③ 车一平二　卒 7 进 1

④ 马八进七　马 2 进 3

⑤ 车九进一　炮 2 平 1

⑥ 车九平六　车 1 平 2

⑦ 车二进六　车 9 进 2

⑧ 车二平三　炮 5 退 1

⑨ 兵七进一　炮 5 平 7

⑩ 车三平四　马 7 进 8

第 51 题

① 炮二平五　马 8 进 7

② 马二进三　车 9 平 8

③ 车一平二　马 2 进 3

④ 兵三进一　卒 3 进 1

⑤ 炮八进四　象 7 进 5

⑥ 马八进七　马 3 进 4

⑦ 炮八平三　炮 2 平 3

⑧ 车九平八　炮 8 进 4

⑨ 车八进四　卒 3 进 1

⑩ 车八平七　炮 8 平 3

第 52 题

① 炮二平五　炮 8 平 5

② 马二进三　马 8 进 7

③ 车一平二　卒 7 进 1

④ 马八进七　马 2 进 3

⑤ 车九进一　炮 2 平 1

⑥ 车九平六　车 1 平 2

⑦ 车二进四　车 9 平 8

⑧ 车二平七　车 8 进 6

⑨ 车七进二　车 2 进 2

⑩ 兵七进一　车 8 平 7

第 53 题

① 炮二平五　马 8 进 7

② 马二进三　车 9 平 8

③ 车一平二　马 2 进 3

④ 兵三进一　卒 3 进 1

⑤ 马八进九　卒 1 进 1

⑥ 炮八平七　马 3 进 2

⑦ 车九进一　卒 1 进 1

⑧ 兵九进一　车 1 进 5

⑨ 车二进四　象 7 进 5

第 54 题

① 炮二平五　炮 8 平 5

② 马二进三　马 8 进 7

③ 车一平二　卒 7 进 1

④ 马八进七　马 2 进 3

⑤ 车九进一　炮 2 平 1

⑥ 兵七进一　车 1 平 2

⑦ 炮八进二　车 9 进 1

⑧ 车九平六　车 9 平 6

⑨兵三进一　车6进5

⑩马三进四　卒3进1

第55题

①炮二平五　马8进7

②马二进三　车9平8

③车一平二　马2进3

④兵三进一　卒3进1

⑤马八进九　卒1进1

⑥炮八平七　马3进2

⑦车九进一　象3进5

⑧车二进六　车1进3

⑨车九平六　炮8平9

第56题

①炮二平五　炮8平5

②马二进三　马8进7

③兵三进一　车9平8

④马八进七　马2进3

⑤兵七进一　车1进1

⑥炮八平九　车1平4

⑦车九平八　车4进5

⑧车八进六　车4平3

⑨马七退五　炮2平1

⑩车八平七　马3退5

第57题

①炮二平五　马8进7

②马二进三　车9平8

③车一平二　马2进3

④兵三进一　卒3进1

⑤马八进九　卒1进1

⑥炮八平七　马3进2

⑦车九进一　象7进5

⑧马三进四　卒1进1

⑨兵九进一　车1进5

⑩车九平四　士6进5

第58题

①炮二平五　炮8平5

②马二进三　马8进7

③兵三进一　车9平8

④马八进七　马2进3

⑤兵七进一　车1进1

⑥马七进六　车1平4

⑦马六进七　车4进6

⑧炮八平九　车4平3

⑨车九平八　车3退2

⑩马七进五　炮2平5

第59题

①炮二平五　马8进7

②马二进三　车9平8

③车一平二　马2进3

④兵三进一　卒3进1

⑤马八进九　卒1进1

⑥炮八平七　马3进2

⑦车九进一　马2进1

⑧炮七进三　车1进3

⑨车九平八　车1平4

⑩马三进四　炮2平5

第60题

①炮二平五　炮8平5

②马二进三　马8进7

③兵三进一　车9平8

④ 马八进七　马2进3
⑤ 兵七进一　炮2平1
⑥ 车九平八　车1进1
⑦ 炮八平九　车1平4
⑧ 车八进六　炮1退1
⑨ 马七进八　车4进4
⑩ 车八平七　马7退5

第61题

① 炮二平五　马2进3
② 马二进三　炮8平6
③ 车一平二　马8进7
④ 炮八平六　车1平2
⑤ 马八进七　炮2平1
⑥ 兵七进一　卒7进1
⑦ 马七进六　士6进5
⑧ 车九进二　车9平8
⑨ 车二进九　马7退8
⑩ 车九平七　象7进5
⑪ 车七进一　马8进7
⑫ 兵五进一　车2进4

第62题

① 炮二平五　马2进3
② 马二进三　炮8平6
③ 车一平二　马8进7
④ 炮八平六　车1平2
⑤ 马八进七　炮2平1
⑥ 兵七进一　车2进6
⑦ 车九进二　卒7进1
⑧ 马七进六　象7进5
⑨ 车二进六　车2平4

⑩ 马六进七　士6进5
⑪ 车二平三　车9平7
⑫ 马七进九　象3进1

第63题

① 炮二平五　马2进3
② 马二进三　炮8平6
③ 车一平二　马8进7
④ 炮八平六　车1进1
⑤ 马八进七　车1平4
⑥ 仕六进五　卒7进1
⑦ 车九平八　车4进5
⑧ 车二进六　车9进2
⑨ 兵三进一　卒7进1
⑩ 车二平三　卒3进1
⑪ 车三退二　马7进6
⑫ 车三进五　车4平3

第64题

① 炮二平五　马2进3
② 马二进三　炮8平6
③ 车一平二　马8进7
④ 炮八平六　车9进1
⑤ 马八进七　车9平4
⑥ 仕四进五　卒7进1
⑦ 车九平八　车1平2
⑧ 车二进四　炮2进4
⑨ 兵三进一　车4进3
⑩ 兵七进一　炮2平3
⑪ 炮五平四　车4平2
⑫ 相三进五　象3进5

第65题

① 炮二平五　马2进3

② 马二进三　炮8平6

③ 兵三进一　马8进7

④ 炮八平七　车9平8

⑤ 马八进九　车1平2

⑥ 车九平八　炮2进4

⑦ 兵七进一　车8进4

⑧ 车一平二　车8平4

⑨ 车二进六　炮6平4

⑩ 车二平三　象3进5

⑪ 仕六进五　炮2退3

⑫ 车三平四　士4进5

第66题

① 炮二平五　马2进3

② 兵七进一　炮8平6

③ 兵三进一　马8进7

④ 炮八平七　象3进5

⑤ 马二进三　车1平2

⑥ 车一平二　炮2平1

⑦ 马八进九　士4进5

⑧ 车九平八　车2进9

⑨ 马九退八　卒9进1

⑩ 车二进六　车9平8

⑪ 车二进三　马7退8

⑫ 炮七进四　炮1进4

第67题

① 炮二平五　马2进3

② 马二进三　炮8平6

③ 兵三进一　卒3进1

④ 马八进九　马8进7

⑤ 炮八平七　象7进5

⑥ 车九平八　车1平2

⑦ 车八进四　车9平8

⑧ 车一平二　车8进9

⑨ 马三退二　士4进5

⑩ 马二进三　炮2平1

⑪ 车八进五　马3退2

⑫ 炮五进四　马2进3

第68题

① 炮二平五　马2进3

② 马二进三　炮8平6

③ 兵三进一　马8进7

④ 马八进九　卒3进1

⑤ 炮八平七　象3进5

⑥ 车九平八　车1平2

⑦ 车一平二　车9进1

⑧ 车八进四　车9平4

⑨ 仕四进五　士4进5

⑩ 兵九进一　卒3进1

⑪ 车八平七　马3进2

⑫ 炮七退一　车4进4

第69题

① 炮二平五　马2进3

② 马二进三　炮8平6

③ 车一平二　马8进7

④ 马八进九　卒7进1

⑤ 炮八平七　车9进1

⑥ 车九平八　车1平2

⑦ 车八进四　马7进6

· 114 ·

⑧ 兵三进一　车9平7

⑨ 马三进四　象3进5

⑩ 马四进六　炮2平1

⑪ 车八进五　马3退2

⑫ 炮五进四　士4进5

第70题

① 炮二平五　马2进3

② 马二进三　炮8平6

③ 车一平二　马8进7

④ 马八进九　卒7进1

⑤ 炮八平七　马7进6

⑥ 车九平八　炮2平1

⑦ 车八进四　象3进5

⑧ 兵三进一　卒7进1

⑨ 车二进五　马6退7

⑩ 车二退二　车9进2

⑪ 车八平三　士4进5

⑫ 马三进四　马7进6

第71题

① 炮二平五　马8进7

② 马二进三　车9平8

③ 车一平二　炮8进4

④ 兵三进一　炮2平5

⑤ 马八进七　车1进1

⑥ 车九平八　车1平8

⑦ 马三进四　车8平6

⑧ 马四进六　车6进3

⑨ 炮八进五　炮5退1

⑩ 马六进八　马2进1

⑪ 炮八平七　炮5平7

⑫ 兵七进一　士4进5

第72题

① 炮二平五　马8进7

② 马二进三　车9平8

③ 车一平二　炮8进4

④ 兵三进一　炮2平5

⑤ 马八进七　车1进1

⑥ 车九平八　车1平8

⑦ 马三进四　炮8进1

⑧ 马七退五　炮8平2

⑨ 车二进八　车8进1

⑩ 车八进二　炮5进4

⑪ 车八进七　车8平4

⑫ 马四退三　炮5退2

第73题

① 炮二平五　马8进7

② 马二进三　车9平8

③ 车一平二　炮8进4

④ 兵三进一　炮2平5

⑤ 马八进七　马2进3

⑥ 车九平八　卒3进1

⑦ 炮八进四　炮8平7

⑧ 炮八平七　车8进9

⑨ 马三退二　象3进1

⑩ 车八进一　车1平2

⑪ 车八平三　车2进3

⑫ 车三进二　车2平3

第74题

① 炮二平五　马8进7

② 马二进三　车9平8

③车一平二　炮8进4

④兵三进一　炮2平5

⑤马八进七　马2进3

⑥兵七进一　车1平2

⑦车九平八　车2进4

⑧炮八平九　车2平8

⑨车八进六　炮8平7

⑩车二平一　炮5平6

⑪车八平七　象7进5

⑫兵七进一　士6进5

第75题

①炮二平五　马8进7

②马二进三　车9平8

③车一平二　卒7进1

④车二进六　马2进3

⑤马八进七　卒3进1

⑥车九进一　炮2进1

⑦车二退二　象3进5

⑧兵三进一　炮2进1

⑨兵七进一　炮8进2

⑩车九平六　士4进5

⑪兵五进一　车1平3

⑫马七进五　马3进4

第76题

①炮二平五　马8进7

②马二进三　车9平8

③车一平二　卒7进1

④车二进六　马2进3

⑤马八进七　卒3进1

⑥车九进一　炮2进1

⑦车二退二　象3进5

⑧兵三进一　卒7进1

⑨车二平三　马7进6

⑩车九平四　炮2进1

⑪车四平二　士4进5

⑫兵七进一　卒3进1

第77题

①炮二平五　马8进7

②马二进三　车9平8

③车一平二　卒7进1

④车二进六　马2进3

⑤马八进七　卒3进1

⑥车九进一　士4进5

⑦车九平六　炮2平1

⑧兵五进一　车1平2

⑨马三进五　炮1进4

⑩炮八平九　炮1平5

⑪马七进五　马7进6

⑫车六进二　卒7进1

第78题

①炮二平五　马8进7

②马二进三　车9平8

③车一平二　卒7进1

④车二进六　马2进3

⑤马八进七　卒3进1

⑥车九进一　士4进5

⑦车九平六　马7进6

⑧兵五进一　卒7进1

⑨车二平四　马6进7

⑩马三进五　炮8平7

⑪ 马五进三　马7退5
⑫ 车四平二　车8进2

第79题

① 相三进五　炮8平4
② 马二进三　马8进7
③ 车一平二　卒7进1
④ 炮二平一　马2进3
⑤ 马八进九　卒3进1
⑥ 炮八平六　马3进2
⑦ 车二进四　车9平8
⑧ 车二进五　马7退8
⑨ 炮一进四　炮2退1
⑩ 炮一退一　炮4平2
⑪ 车九进一　象3进5
⑫ 车九平二　马8进7

第80题

① 相三进五　炮8平4
② 马二进三　马8进7
③ 车一平二　卒7进1
④ 兵七进一　车9平8
⑤ 马八进七　象3进5
⑥ 车九进一　士4进5
⑦ 车九平六　马2进1
⑧ 炮二进四　卒3进1
⑨ 炮二平九　车1平3
⑩ 车二进九　马7退8
⑪ 车六进五　马8进7
⑫ 兵七进一　车3进4

第81题

① 相三进五　炮8平4

② 马二进三　马8进7
③ 车一平二　卒7进1
④ 兵七进一　车9进1
⑤ 炮二平一　车9平3
⑥ 车二进四　象3进5
⑦ 马八进九　卒3进1
⑧ 炮八平七　马2进1
⑨ 车九平八　炮2平3
⑩ 炮七平六　卒3进1
⑪ 车二平七　炮3进2
⑫ 车八进七　士4进5

第82题

① 相三进五　炮8平4
② 马二进三　马8进7
③ 车一平二　卒7进1
④ 兵七进一　炮2平3
⑤ 炮二进二　车9进1
⑥ 马八进七　卒3进1
⑦ 马七进六　车9平2
⑧ 车九平八　车2进3
⑨ 炮二平五　象3进5
⑩ 兵七进一　车2平3
⑪ 马六进五　马7进5
⑫ 车二进六　车3退1

第83题

① 相三进五　炮2平4
② 马八进七　卒3进1
③ 车九平八　马2进3
④ 兵三进一　车1平2
⑤ 马二进三　马8进7

⑥ 马三进四　车 2 进 6

⑦ 炮八退一　象 7 进 5

⑧ 炮八平三　车 2 进 3

⑨ 马七退八　士 6 进 5

⑩ 炮二平四　车 9 平 8

⑪ 车一平二　炮 8 平 9

⑫ 车二进九　马 7 退 8

第84题

① 相三进五　炮 2 平 4

② 马八进七　卒 3 进 1

③ 车九平八　马 2 进 3

④ 兵三进一　车 1 平 2

⑤ 马二进三　马 8 进 7

⑥ 炮八进四　马 3 进 4

⑦ 仕四进五　象 7 进 5

⑧ 车一平四　炮 8 平 9

⑨ 车四进五　马 4 退 3

⑩ 马三进二　卒 7 进 1

⑪ 马二进三　卒 7 进 1

⑫ 车四进三　士 6 进 5

第85题

① 相三进五　炮 2 平 4

② 兵七进一　马 2 进 1

③ 马八进七　车 1 平 2

④ 车九平八　车 2 进 4

⑤ 炮八平九　车 2 平 4

⑥ 马二进三　卒 7 进 1

⑦ 炮二平一　马 8 进 7

⑧ 车一平二　车 9 平 8

⑨ 车二进四　象 7 进 5

⑩ 车八进一　炮 8 平 9

⑪ 车八平二　车 8 进 5

⑫ 车二进三　炮 9 退 1

第86题

① 相三进五　炮 2 平 4

② 车九进一　马 2 进 3

③ 车九平六　马 8 进 7

④ 马八进九　士 6 进 5

⑤ 兵三进一　车 1 平 2

⑥ 兵九进一　车 2 进 4

⑦ 车六进三　车 2 平 6

⑧ 马九进八　卒 3 进 1

⑨ 马二进三　象 7 进 5

⑩ 仕四进五　卒 7 进 1

⑪ 车一平四　车 9 平 6

⑫ 兵三进一　前车平 7

第87题

① 相三进五　炮 8 平 5

② 马二进三　马 8 进 7

③ 车一平二　车 9 平 8

④ 马八进七　马 2 进 1

⑤ 兵三进一　炮 2 平 4

⑥ 车九平八　车 1 平 2

⑦ 仕四进五　车 2 进 4

⑧ 炮八平九　车 2 平 4

⑨ 兵九进一　卒 1 进 1

⑩ 炮九进三　车 8 进 6

⑪ 车八进四　车 8 平 7

⑫ 马三退四　车 4 平 8

第88题

① 相三进五　炮8平5
② 马二进三　马8进7
③ 车一平二　车9平8
④ 马八进七　卒7进1
⑤ 兵七进一　炮2平3
⑥ 马七进八　马7进6
⑦ 仕六进五　车8进6
⑧ 车九进一　马6进5
⑨ 炮二平一　车8进3
⑩ 马三退二　马5退6
⑪ 兵九进一　卒5进1
⑫ 马八进七　卒5进1

第89题

① 相三进五　炮8平5
② 马八进七　马8进7
③ 炮二平四　车9平8
④ 马二进三　卒3进1
⑤ 仕四进五　卒7进1
⑥ 炮八平九　炮2平4
⑦ 车九平八　马2进3
⑧ 车八进六　车1平2
⑨ 车八平七　象3进1
⑩ 兵七进一　车2进4
⑪ 车一平四　士4进5
⑫ 兵七进一　车2平3

第90题

① 相三进五　炮8平5
② 炮八平六　马8进7
③ 马八进七　炮2平3

④ 车九平八　马2进1
⑤ 马二进三　车9平8
⑥ 车一平二　卒7进1
⑦ 车八进五　车8进4
⑧ 炮六进五　车1平2
⑨ 车八平六　车2进8
⑩ 仕六进五　卒1进1
⑪ 兵七进一　马1进2
⑫ 炮六平三　炮3平7

大师级

布局练习

第1题

① 炮二平五　马8进7
② 马二进三　车9平8
③ 车一平二　马2进3
④ 兵三进一　卒3进1
⑤ 马八进九　卒1进1
⑥ 炮八平七　马3进2
⑦ 车九进一　卒1进1
⑧ 兵九进一　车1进5
⑨ 车二进四　象7进5
⑩ 车九平四　士6进5
⑪ 车四进五　马2进1
⑫ 炮七退一　炮2进5
⑬ 车四退二　卒3进1

第2题

① 炮二平五　炮2平5

②马二进三　马8进7

③车一平二　马2进3

④炮八平六

列手炮直车对横车，红方平"士角炮"启动左翼子力，走法较含蓄，意图稳扎稳打。这是讲究策略的棋手喜用的布局之一。

④……　　　　士6进5（答1）

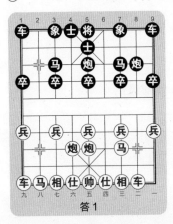

答1

在开局阶段，根据局势的需要适当地补士象（仕相）是必要的，但如果是不必要的补士象（仕相），势必会延缓大子的出动，有时会因过早定型而影响子力的调动，甚至为对方提供进攻的方向或目标。本局，黑棋补士就是犯了这样的错误——在没有必要的情况下补士。这里黑方可选择的着法很多，如车9进1，以后通过车9平4捉炮直接对攻。也可以车1平2快速出动右车，都是可行之策。无论哪种选择，红方都没有炮六进五串打的手段，这一点要注意。试演一例：车1平2，炮六进五，

炮5进4，马三进五，炮8平4，马□进六，士6进5，马六进七，车2进□，黑方捉死红马得回失子，并且红方出□速度落后，阵形不协调，黑方反先。□里再讲一点，通常红方六路炮是给三□马生根的，当三路马没有活通前，是□会考虑活动仕角炮的，否则红方三□马位置呆板，易成为黑方攻击的目标□布局时一定要考虑子力间的协调性与□系性。

⑤马八进七　车1平2

⑥车二进六

红方进车抓住黑方左马的弱点□好棋。

⑥……　　　炮5平4

黑方平炮调整阵形，稍软。宜改□卒7进1，则车二平三，马7退6□七进一，炮8进4，兵三进一，炮8□7，相三进一，车2进6，黑方可与红□展开对攻，不落下风。

⑦兵七进一　车2进4

⑧车二退二　卒7进1

⑨车九平八　车2平4（答2）

黑方平车避兑被红方利用。黑□思路是车2平4以后红方必然会炮六□五兑炮，以下炮8平4，车八进六□4平6，黑方形势稍亏，但阵形工□足可抗衡。实战中，应当计算对方最□的对抗性走法，显然这里黑方没有按□个原则去计算，以至于被红方利用。

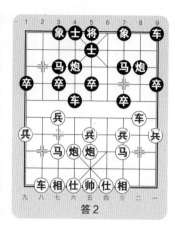

答2

⑩马七进六　车4平1

红方布局满意，占优。

第3题

①炮二平五　马8进7

②马二进三　车9平8

③车一平二　马2进3

④兵三进一　卒3进1

⑤马八进九　卒1进1

⑥炮八平七　马3进2

⑦车九进一　马2进1

⑧炮七进三　卒1进1

⑨车二进六　车1进4

⑩炮七进一　车1平3

双方对峙。

第4题

①炮二平五　马2进3

②马二进三　炮2平1

黑方左翼不动，迅速平边炮准备亮车，攻击红方出子落后的左翼，三步积极主动的风格跃然枰上。

③车一平二　车1平2

至此形成中炮对右三步虎的阵形，这是一个冷门布局。黑方希望能和对手大斗散手棋，脱离棋谱，力争中、残局取胜。

④马八进七

红方进正马增强正面的攻击力。但正马无根易受攻，如何妥善解决这个问题是今后局势走向的关键。

④……　　　车2进6

黑方进车过河必然，否则被红方封车后三步虎即无意义。黑方也不宜走车2进4，否则红方下一着车九平八，随后有炮八进二的棋，以后红方八路炮可左右闪击，黑方防不胜防。

⑤相七进九（答3）

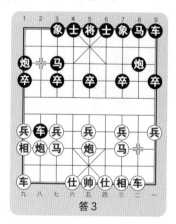

答3

这是一步疑问手。红方飞底相准备保马，这着棋显然没有抓到局面的重点。通常情况下红方有车九平八或者炮五平四两种选择。其中以车九平八最为常见。试演一例：车九平八，炮8平6，炮八退一，马8进7，兵三进一，车2

平 3，马三退五，车 3 平 2，马七进六，车 2 退 4，炮八进二，红方先手。

⑤……　　　炮 8 平 6

⑥仕六进五　马 8 进 7

⑦兵三进一

红方左翼子力不通畅是最大的弱点。所以应走兵七进一。

⑦……　　　卒 3 进 1

⑧马三进四　象 7 进 5

⑨车九平六　士 6 进 5

黑方补士缓着，应走车 9 平 8，以下车二进九，马 7 退 8，炮八退二，炮 6 平 7，红方左翼子力仍不好开出。

⑩车二进六　车 9 平 7

⑪马四进五（答 4）

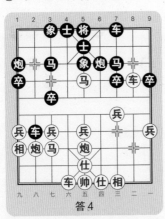

答 4

进马贪吃黑卒是一步坏棋，红方仍然没有注意到左翼子力的问题。通常棋手选择进攻时，首先要建立在后防没危机的情况下或者在对攻中可确保本方捷足先登后方可进攻，显然红方不具备进攻的条件。这里红方应走炮八退二，则卒 1

进 1，炮八平七守住七兵，再徐图进取。

⑪……　　　马 3 进 5

⑫炮五进四　车 2 进 1

由于红方贪攻忘守，导致失子失势。

第 5 题

①炮二平五　马 8 进 7

②马二进三　车 9 平 8

③车一平二　马 2 进 3

④兵七进一　卒 7 进 1

⑤车二进六　炮 8 平 9

⑥车二平三　炮 9 退 1

⑦马八进七　士 4 进 5

⑧马七进六　炮 9 平 7

⑨车三平四　马 7 进 8

⑩马六进四　卒 7 进 1

⑪车四平三　马 8 退 9

第 6 题

①炮二平五　马 8 进 7

②马二进三　卒 7 进 1

③车一平二　车 9 平 8

④车二进六　卒 3 进 1

⑤马八进九（答 5）

红方跳边马是比较冷僻的选择。边马虽然可以降低黑方两头蛇特别是挺卒的效率，但是红方左马屯边以后效率高，所以这里红方多走马八进七，以下马 2 进 3，车九进一，炮 2 进 1，车二退还原成中炮过河车对屏风马两头蛇的阵势。

⑤……　　　马 2 进 3

⑥炮八平六

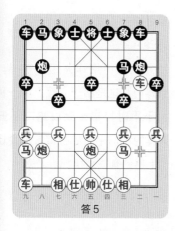

答5

红方平六路炮和平七路炮还是有些小的区别。平六路炮较为稳健，平七炮对黑方的3路线更有牵制力。如果□方选择炮八平七，黑方则会选择马3□4或马3进2，双方的战术计划将会□生改变。试演两种变化：一是马3进□，车九平八，炮2平4，车八进四，士□5，兵三进一，卒7进1，车八平□，象3进5，炮七平六，红方稍好；□是马3进2，车九进一，象3进5，□九平六，士4进5，兵五进一，车1□2，炮七退一，红方稍好。因为红方□七路炮以后对黑方形成牵制，黑方3□马必须要及时调整。这里黑方如果仍□走炮2进1，则车二退二，车1平2，□九平八，象3进5，兵七进一，红方□以抢先进攻，红方稍优。

⑥……　　　　炮2进1

⑦车二退二　　士4进5

黑方补士是一步疑问手。攻击黑方头蛇阵形的利器是红方的巡河车，这

个阵形中黑方双车位置欠佳，所以黑方应走炮8平9兑车，红方如果接受兑车，黑方就可以发挥两头蛇的攻击力，红方如果避兑，则黑方亮出左车。试演两例：一是车二平八，车1平2，兵七进一，车8进5，兵五进一，卒3进1，车八平七，炮2进4，黑方反击力很强；二是车二进五，马7退8，车九平八，车1平2，车八进四，象3进5，兵三进一，卒7进1，车八平三，卒7进1，黑方阵形稳固足可抗衡。

⑧车九平八　　车1平2

⑨车八进四　　炮2平4

⑩兵九进一　　车2进5

红方挺兵以逸待劳，黑方不得不选择兑车。

⑪马九进八　　炮8平9

⑫车二平四

既然选择避兑就要走到一个相对安全的位置，这里红方车二平四被黑方利用，所以红方应走车二平五较好。

⑫……　　　　马3进4

这着棋不是黑方最犀利的反击手段，黑方应走车8进6更有力。

⑬马八进六　　炮4进4

⑭马六进四　　车8进1

⑮炮五退一　　炮4退5（答6）

对弈的过程实质上就是降低对方行棋效率，提高己方行棋效率的过程。那么如何去降低对方的行棋效率呢？通常

来讲，通过兑子的方式去兑掉对本方最有威胁的那个棋子或者是兑掉对方行棋效率最高的棋子都是可行的。所以这里黑方应走炮4退4兑掉红方的四路马，以解放己方的8路车，借此提高行棋效率。试演一例：炮4退4，兵三进一，炮4平6，车四进二，车8进6，黑方策动反击。

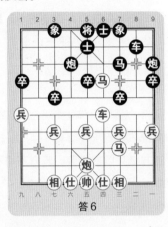

答6

第7题

① 炮二平五　马8进7

② 马二进三　车9平8

③ 兵七进一　卒7进1

④ 马八进七　马2进3

⑤ 炮八进二　象7进5

⑥ 车一平二　炮8进2

⑦ 马七进六　炮2退1

⑧ 车二进一　炮2平3

⑨ 车九平八　车1平2

⑩ 炮八进三　炮8进1

⑪ 车二平六　炮8进2

⑫ 马六退七　炮3平6

第8题

① 炮八平五

红方以左中炮作为起手布局，换行棋方向，这是出于心理上的一种考虑，由于平时打谱多是以炮二平五为手，这样的炮八平五的行棋方向会让手心理上感到有些别扭。

① ……　　　马2进3

② 马八进七　卒3进1

③ 车九平八　车1平2

④ 车八进六　马8进7

⑤ 兵三进一　炮2平1

⑥ 车八平七　炮1退1

⑦ 兵五进一（答7）

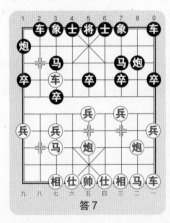

答7

双方演成反向的中炮过河车对风马平炮兑车（红方急进中兵）的基阵形。红方急进中兵的变化，双方容导向复杂激烈的局面。从布局的原理看，急攻型布局不仅是攻方有更多的会，另一方同样存在反击的机会。急型布局的"攻"是对双方而言的，而

124

方攻，另一方守。所以初、中级爱好

选择这类布局时，一定要把握好进攻

时机和准确度。

⑦……　　　　　炮1平3

⑧车七平六　　士6进5

⑨兵五进一　　马3进2

黑方跳外马是一路老式变化，这着

在20世纪90年代曾经出现过，但是

击效率不如卒3进1犀利。黑方卒3

1的作用是通过弃去3卒，可以对红

七路线施加压力，而马3进2以后反

点并不明确，故而实战中多走卒3进

弃卒反击。以下红方可以走兵七进一，

车2进6，马二进三，马3进2，兵

进一，以后形成"叠兵"的变例；或

红方选择马七进五，则卒3进1，马

进四，车2进8，马二进三这样的变

。但无论是哪种变例，双方的布局特

都是相似的，那就是红方要从中路切

黑方阵地，黑方利用3路炮配合右车

红左翼进行反击，双方展开短兵相

的对攻战。

⑩兵五进一　　象7进5

黑方补象忍让是一步坏棋，这里可

选择炮8进1先牵制红方的车兵，以

兵五平四，象7进5，车六进二，炮

退2，车六退五，车9平6，黑方足

抗衡。实战的下法，飞象以后不仅没

起到延缓红方攻势的作用，反而为红

提供了进攻的目标，这是黑方象7进

5这个构思的不成功之处。

⑪马七进五　　车9平6

⑫车六平七　　炮3进1（答8）

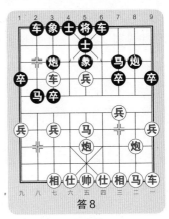

答8

这是一步疑问手。行棋的过程中，

加强子力联系与子力受牵制是有本质区

别的。实战中黑方的想法是通过进炮既

起到保护左马的作用，又利用2路马给

3路炮生根，压缩了红车的活动空间，

这不是一举两得吗？其实不然，黑方的

这个构思，首先是以牺牲右翼马炮的灵

活性为代价的，其次由于2路马迟迟不

能离开，进而影响到黑2路车的活动，

造成子力受牵制，得不偿失。这里黑方

应走马2退1，以下车七平六，炮8进

1，马二进三，卒3进1，马五进七，马

7进5，马三进二，炮8进4，车六平

五，车2进6，消灭红方过河兵以后，

黑方虽然失去对卒林线的控制，但是双

车位置灵活，阵形工整，足可抗衡。

⑬马五进六　　车2进2

⑭马六进四

红方进马吸引黑车保炮，再马六进四，这个构思比较稳健。红方在第13、14两个回合连续运马到一个比较理想的位置，而同第13个回合相比较，黑车从底线提到"炮台"，子力位置壅塞的问题仍然没有得到解决，由此也可以看出第12个回合黑方炮3进1的问题。不过就当前局面而言，红方最为严厉的选择是兵五进一，则车6进6，兵五进一，将5进1，车七平三，红方用兵换掉黑方一象、一士，撕开黑方的防线以后，红方已经有足够的能力对黑方发起猛攻，红方的优势更大。

第9题

① 炮二平五　　马8进7

② 马二进三　　马2进3

③ 车一平二　　车9平8

④ 兵三进一　　卒3进1

⑤ 马八进九　　卒1进1

⑥ 炮八平七　　马3进2

⑦ 车九进一　　象7进5

⑧ 马三进四　　卒1进1

⑨ 兵九进一　　车1进5

⑩ 车九平四　　士6进5

⑪ 马四进六　　卒5进1

第10题

① 炮二平四

红方起手第一着走"炮二平四"或"炮八平六"，因炮安于士角，故名士角炮。这一布局最早见于《橘中秘》，有

"炮向士角安"之说。这种走法有利接下来上马出车，是一种伺机而进的稳健战术。黑方如应以中炮，则可变为先手反宫马与单提马等布局。

① ……　　　　马8进7

② 兵三进一　　卒3进1

③ 马二进三　　车9平8

④ 车一平二　　炮2平5

⑤ 马八进七（答9）

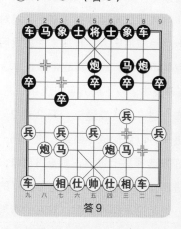

答9

这里双方转换成先手反宫马进三兵对后手中炮挺3卒的阵形。由此可见角炮布局的灵活之处。这里需要提醒给中级棋手的是，象棋布局是相通的，多阵形可以相互转换，所以棋手在学布局时要活学活用，在理解的基础上忆，而不要死记硬背，成为一个"本先生"。

⑤ ……　　　　马2进3

⑥ 车九平八　　车1平2

⑦ 车二进五　　炮8平9（答10）

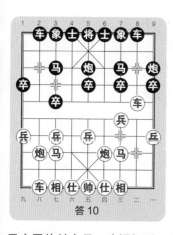

答10

黑方平炮兑车是一步疑问手。这个
面下，黑方不应放弃3卒，以免造成右
受攻。宜走车2进4升车保卒，以下
方有两种选择：一是相七进五，炮8平
车二进四，马7退8，马三进四，炮
7，双方对峙；二是炮八平九，车2
5，马七退八，炮5进4，车二平四，
退2，黑方有空头炮的优势，易走。

⑧ 车二平七　　炮5退1

⑨ 炮八进四　　炮5平3

⑩ 炮八平七　　车2进9

⑪ 马七退八　　炮3进2

⑫ 车七进一

这样交换以后，红方子力活跃，且
集中在黑方防守薄弱的右翼。这样
方很容易组织起攻势。

⑫ ……　　　车8进6

⑬ 炮四平六

红方平炮攻守兼备，既可以为右马
退，协调阵形，又可以组织子力加强
。

第11题

① 炮二平五　　马8进7

② 马二进三　　车9平8

③ 车一平二　　马2进3

④ 兵三进一　　卒3进1

⑤ 马八进九　　卒1进1

⑥ 炮八平七　　马3进2

⑦ 车九进一　　马2进1

⑧ 炮七进三　　卒1进1

⑨ 车二进六　　车1进4

⑩ 炮七进一　　车1平3

⑪ 炮七平九　　车3平4

第12题

① 炮二平五　　马8进7

② 马八进七　　马2进3

③ 车九进一　　卒7进1（答11）

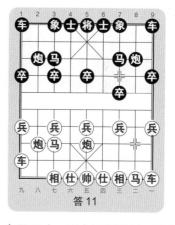

答11

布局至此，双方已经脱谱，进入散
手局的争夺。黑方冲卒活马看似必然，
实则是一步疑问手。开局阶段应出动大
子，此时，红方起横车以后右翼攻击力
得到加强，黑方必须采用相应的策略才

可以抗衡。此时黑方可以针对红方左翼大子出动缓慢的弱点，先走车9平8，以下兵七进一，炮8平9，马二进三，卒7进1，黑方足可抗衡。

④车九平四

红方平车稍急，这里红方应先走兵七进一保持左马的通畅更好。

④……　　　　卒3进1

黑方挺起两头蛇以后，双马灵活，足以弥补双车晚出的不足。

⑤车四进三

红方进巡河车是应对两头蛇的常见走法。

⑤……　　　　炮2进2

黑方进炮准备构建一个巡河"堡垒"，这是一个不精确的构思。黑方应走马3进4驱离红方巡河车。试演一例：马3进4，车四平六，炮8进2，马二进三，车9平8，车一平二，炮2平4，车六平八，炮8进2，黑方满意。

⑥马二进三　　马7进6

⑦兵七进一　　炮8平6

⑧车四平二

黑方平炮打车以后，红方顺势封住黑方左车。这样黑方双车的活动都受到了不同程度的限制，红方满意。

⑧……　　　　卒3进1

⑨车二平七　　象3进5

⑩马七进六

红方进马交换是稳健的选择，这里

红方如果改走车一平二，则炮2退以后黑方有炮2平3或炮2平7的手。进马以后，红方消除了阵形上的点，稳健。

⑩……　　　　马6进4

⑪车七平六　　车9平8

⑫兵三进一　　卒7进1

⑬车六平三　　士4进5

⑭马三进四　　车1平4

黑方出车缓着。这里可以走炮2平9，以下炮五平一，车1平2，炮八进六，车2进5，炮一进三，卒9进相三进五，车8进6，黑方通过一连的战术打击，获得先手。

第13题

①炮二平五　　马8进7

②马二进三　　车9平8

③车一平二　　卒7进1

④车二进六　　马2进3

⑤马八进七　　卒3进1

⑥车九进一　　炮2进1

⑦车二退二　　象3进5

⑧兵三进一　　炮2进1

⑨兵七进一　　炮8进2

⑩车九平六　　士4进5

⑪兵五进一　　车1平3

⑫马七进五　　马3进4

第14题

①兵七进一　　卒7进1

②马二进三　　马8进7

· 128 ·

③炮八平六　炮2平6（答12）

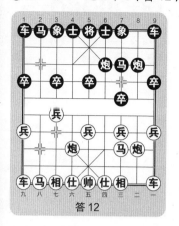

答12

黑方平6路炮，形成后手过宫炮的
势。在这个局面下，黑方的行棋缺少
对性，效率不高。当前局面下，黑方
以选择的着法很多，其中最常见的下
是炮2平3，这是针对红方挺起七兵
的一种选择。试演一例：炮2平3，
二进五，马2进1，马八进六，车1
二，马六进四，马7进6，黑方子力
场，布局满意。

④马八进七　马2进3

⑤车九平八　马7进6

黑方虽然左马跃至河口，但是双车
出，红方仍持先手。

⑥相七进五　象7进5

⑦兵一进一（答13）

红方在左车已经亮出的情况下，再
兵一进一挺边兵，没有道理，节奏缓
此时红方宜走炮二平一，准备快速
右车。试演一例：炮二平一，炮8
，车一平二，车1进1，仕六进五。

红方阵形工稳，双车占据通路，左车随
时可以车八进六过河压制黑方右马，红
方布局成功。

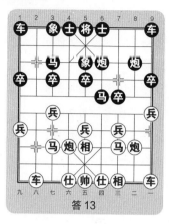

答13

⑦……　　车1进1

⑧仕四进五　车1平4

⑨炮二平一

红方平边炮这着棋和兵一进一这着
棋相脱节。既然红方选择兵一进一，那
么按照布局阶段应尽快动用大子的原
则，红方应走车一进三守住兵线。

⑨……　　车9平8

⑩炮一进四　炮8平9

⑪兵一进一　车8进3

⑫车一平二

红方兑车不好，不能解决当前局面
的弱点。这里红方仍应走车一进三静观
其变。

⑫……　　车4平8

黑方平车继续贯彻围困红方右翼子
力的战术思想。

⑬车二进六　车8进2（黑优）

129

第15题

① 炮二平五　马8进7

② 马二进三　车9平8

③ 车一平二　卒7进1

④ 车二进六　马2进3

⑤ 马八进七　卒3进1

⑥ 车九进一　士4进5

⑦ 车九平六　马7进6

⑧ 兵五进一　卒7进1

⑨ 车二平四　炮2进2

⑩ 兵七进一　象3进5

⑪ 兵七进一　象5进3

⑫ 兵三进一　炮8平7

第16题

① 炮二平五　炮8平5

② 马二进三　车9进1

③ 车一平二　马8进7

④ 车二进四

高车巡河是一种流传已久的走法。在古谱《橘中秘》卷一第十一局六变已经有刊载，沿用至今。

④ ……　　　车9平4

⑤ 兵七进一　卒7进1（答14）

黑方挺7卒是一步疑问手。红方已经有巡河车存在，黑方在大子没有出动的情况下，先进7卒，后续子力无法展开，这样黑方所进的7卒没有后续手段，缺乏支援，所以效率不高。这里黑方应走车4进6，以下炮八平七，马2进1，仕四进五，车4退3，黑方易走。

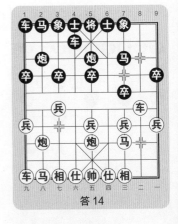

答14

⑥ 马八进七　马2进3

⑦ 炮八进二

红方高炮巡河形成一个封闭型局[

⑦ ……　　　马7进6

⑧ 马七进六

红方兑马这着棋值得商榷。兑子后，红方子力位置并没有得到改善。以红方应走车九进一快速出动大子为[

⑧ ……　　　马6进4

⑨ 炮八平六　车1平2

⑩ 炮五平六　车4平6

⑪ 相七进五　炮2进7

⑫ 仕六进五　车2进7（黑优）

第17题

① 炮二平五　马8进7

② 马二进三　车9平8

③ 兵七进一　卒7进1

④ 马八进七　马2进3

⑤ 车一进一　象3进5

⑥ 车一平四　炮2进4

⑦ 兵五进一　炮8进4

130

⑧车四进三　　士4进5
⑨炮八退一　　炮8进1
⑩车四退一　　炮2退2
⑪炮八平五　　炮8平5
⑫相七进五　　车8进6

第18题

①兵七进一　　炮2平3
②炮二平五　　炮8平5

还架中炮以后，双方从仙人指路对兵炮布局转换成顺手炮变例。这种下法对抗性强。

③马二进三

红方起右马，意在快出强子，谋取先手。

③……　　　　马8进7
④车一平二

红方出车开动主力，利于攻守。

④……　　　　车9进1（答15）

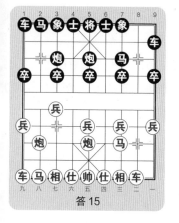

答15

黑方起横车也是一步可行之着。此时黑方可以选择马2进1的下法，意在均衡出动子力。试演一例：马2进

1，马八进七，车1平2，车九平八，车9进1，相七进九，红方稍好。

⑤炮八平六　　车9平4
⑥仕六进五　　马2进1
⑦马八进七　　车1平2
⑧车二进四

红方进车巡河伏有马七进六打车的先手。这里红方也可选择车二进六，则炮5退1，车二平三，象7进5，兵三进一，车2进4，双方对峙。

⑧……　　　　车4进5
⑨马七进六　　车2进4（答16）

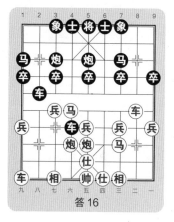

答16

黑方进车巡河定型过早，不如改走士4进5含蓄有力。试演一例：士4进5，马六进五，马7进5，炮五进四，炮3平2，车九平八，车4退3，炮五退二，炮2进5，黑方足可抗衡。

⑩马六进五　　马7进5
⑪炮五进四　　士4进5
⑫相七进五　　车2平5

黑方平车捉炮是一步效率很低的棋。

131

这着棋效率低体现在三个方面：一是放出红方左车；二是一子多动影响其他大子的出动效率；三是没有解决黑方的盘面弱点。此时黑方最大的弱点并不是红方中炮的威胁，而是右马屯边，活力较差，所以这里黑方应走卒1进1，以下车九平六，卒7进1，黑方足可抗衡。

⑬ 车二平五　车5平2

⑭ 兵三进一

红方进兵是很实在的一着棋，活通右马的同时也压缩了黑方的空间，红优。

第19题

① 炮二平五　马8进7

② 马二进三　车9平8

③ 车一平二　马2进3

④ 兵七进一　卒7进1

⑤ 车二进六　马7进6

⑥ 马八进七　车1进1

⑦ 兵五进一　卒7进1

⑧ 车二退一　马6进7

⑨ 兵五进一　车1平7

⑩ 马三进五　卒7平6

⑪ 车二退一　卒6进1

⑫ 马五进六　卒6进1

第20题

① 炮二平五　马8进7

② 马二进三　车9平8

③ 车一平二　马2进3

④ 兵七进一　卒7进1

⑤ 车二进六　炮8平9

⑥ 车二平三　炮9退1

⑦ 马八进七　车1进1（答17）

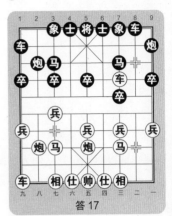

答17

此时黑方如改走士4进5，则红可以走马七进六，形成七路马盘河的局，红方亦可走炮八平九，形成五九过河车对屏风马平炮兑车的阵形。实中黑方选择了车1进1起横车的阵黑方车1进1以后，其战略就是下车1平6，借威胁红方过河车之机集重兵，以后在红方右翼有反击的手段

⑧ 炮八平九

红方炮八平九的意图也非常明准备径直出动左车，舍车兑换黑方炮，意图调用左翼子力攻击黑阵。

⑧……　车1平6

⑨ 车九平八　炮9平7

⑩ 车八进七　炮7进2

⑪ 车八平七　车8进8

黑方进车下二路，这是反击的佳

⑫ 炮五平六　炮7进3

⑬ 相三进五　车8平7

⑭炮九退一（答18）

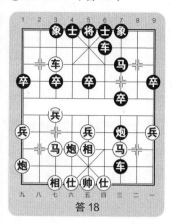

答18

红方退炮是一步疑问手。这里红方先走仕六进五。值得一提的是，这里方不能走仕四进五准备打死黑车，否黑方可接走车6进7，红方跌入黑方陷阱。试演变化：仕四进五，车6进炮九退一，车7进1，仕五退四（如走马三退四，车7平8，下一步炮73，黑胜），车7平6！马三退四，炮进3，构成闷宫杀。

⑭……　　　　车7平3

黑方平车捉双，大优。

第21题

①炮二平五　　马8进7

②马二进三　　车9平8

③车一平二　　马2进3

④兵七进一　　卒7进1

⑤车二进六　　马7进6

⑥马八进七　　象3进5

⑦车九进一　　士4进5

⑧车九平六　　炮2进2

⑨兵五进一　　卒7进1

⑩车二平四　　马6进7

⑪马三进五　　炮8进5

⑫兵五进一　　炮8平3

⑬马五退七　　车8进6

第22题

①炮二平五　　马8进7

②马二进三　　车9平8

③车一平二　　炮8进4

④兵三进一　　炮2平5

⑤马八进七　　车1进1

黑方起右横车旨在对攻，这是一种积极的策略。

⑥车九平八　　车1平8

⑦炮八进五　　炮8平7（答19）

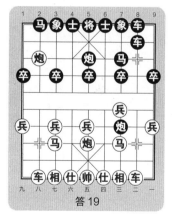

答19

黑方平炮是一步疑问手。这里黑方应走马2进3，则炮八平五，象7进5，兵七进一，炮8平7，马七进六，车8进8，马三退二，车8进9，马六进四，车8平7，双方各有顾忌。

⑧车二进八　　炮7进3

133

黑方虽然吃得红相，但是参与进攻的子力数量不够，仅有车炮两子，很难成势。

⑨ 仕四进五   车8进1

⑩ 炮八平三   马2进1

⑪ 炮三平九

红方打马正确，简化局面。

⑪ ……   象3进1

⑫ 炮五进四   士6进5

⑬ 相七进五   炮7平9

⑭ 车八进四

这样红方确立了多子的优势，黑方很难成势。

第23题

① 炮二平五   马8进7

② 马二进三   车9平8

③ 车一平二   马2进3

④ 兵七进一   卒7进1

⑤ 车二进六   马7进6

⑥ 马八进七   象3进5

⑦ 车九进一   卒7进1

⑧ 车二平四   马6进7

⑨ 炮五平四   士4进5

⑩ 车四平三   炮2进2

⑪ 车九平二   炮2平7

⑫ 炮四进四   卒7平8

第24题

① 兵七进一   炮2平3

② 炮二平五   马8进7

③ 马二进三   车9平8

④ 车一平二   马2进1

黑方跳边马准备两翼均衡开出力，这是正常的选择。这里黑方也可选择象3进5巩固中防。

⑤ 炮八进四（答20）

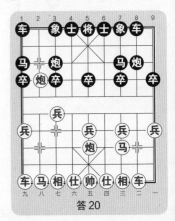

答20

红方进炮是一步疑问手。这着棋似配合中炮形成双炮攻击黑方中卒的势，但这只是一厢情愿的走法。通常方如选择进炮封锁黑方右翼，可以选炮八进五，以下象7进5，马八进车1平2，车九平八，卒3进1，马进六，卒3进1，马六进四，红方出速度较快，易走。

⑤ ……   卒3进1

黑方冲卒好棋，既避开炮八平中卒的棋，又先手冲卒威胁红方七路

⑥ 马八进九

黑方先冲3卒以后，红方只能跟马，失去了马七进六的反击机会。

⑥ ……   车1平2

⑦ 炮八平三

红方贪卒是一步大局观很差的棋。

⑦……　　　　卒3进1

⑧车二进四　　车2进5

⑨兵五进一（答21）

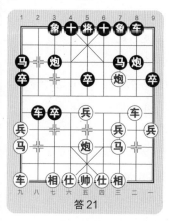

答21

红方冲中兵坏棋，这里红方应走车
平八，则车2进4，马九退八，炮3
7，仕六进五，卒3进1，兵三进一，
方虽然损失一相，但是子力占位比较
活，双方仍是两分的局势。

⑨……　　　　象7进5

⑩兵五进一　　卒5进1

⑪马三进五　　士6进5

⑫炮五进三

败着。红方中炮发出去以后失去后
成为弱炮，这里红方还是应走车九
八为宜。

⑫……　　　　车2退2

⑬车二平七　　车2平7

⑭车七进三　　马1进3

黑方进马困车并且先手捉炮，佳
至此，我们再看枰面，红方双车位

置较差，而黑方双车马炮集结在红方右
翼，黑方已经大占优势。

第25题

①炮二平五　　马8进7

②马二进三　　车9平8

③车一平二　　马2进3

④兵七进一　　卒7进1

⑤车二进六　　马7进6

⑥马八进七　　象3进5

⑦炮八平九　　车1平2

⑧车九平八　　卒7进1

⑨车二平四　　马6进8

⑩马三退五　　卒7进1

⑪马七进六　　炮8平9

⑫车八进六　　士4进5

第26题

①炮二平五　　炮8平5

②马二进三　　车9进1

③车一平二　　马8进7

④炮八平六　　车9平4

⑤仕六进五　　马2进3

⑥马八进七　　卒3进1（答22）

黑方冲3卒效率不高，这里应走车
1平2。初、中级棋手对这种布局次序
把握得不是很好，甚至有些棋手认为差
不多就可以了，这是非常危险的想法。
黑方应先走车1平2，以下车九平八，
炮2进4封住红方左车，以后黑方可以
走车4进3，伺机兑卒活马，黑方布局
满意。

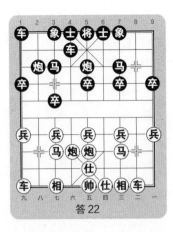

答22

⑦ 车九平八　　车1平2

⑧ 车八进六

这样红车抢先过河，布局满意。

⑧ ……　　　　炮2平1

⑨ 车八平七　　车2进2

⑩ 车七退一　　炮1退1

⑪ 车七平四

红方平车避开黑方炮1平3的先手是稳健的选择。这里红方也可走兵三进一，则炮1平3，车七平四，红方仍是先手。

⑪ ……　　　　士4进5

⑫ 车四进一　　车4进5

黑方针对红方左车右移以后左翼空虚的弱点，进车兵林线，应着积极。

⑬ 车四平三　　马7退9

黑方退马看似必然，实则是缺少细算的一着棋。这里黑方应走士5进6，既可控制红车，又可以伺机调整阵形结构。

⑭ 兵七进一（红优）

第27题

① 炮二平五　　马8进7

② 马二进三　　车9平8

③ 车一平二　　马2进3

④ 兵七进一　　卒7进1

⑤ 车二进六　　马7进6

⑥ 马八进七　　象3进5

⑦ 炮八进一　　卒7进1

⑧ 车二退一　　卒7进1

⑨ 马三退五　　马6退7

⑩ 车二进一　　炮8平9

⑪ 车二平三　　车8进2

⑫ 炮五平四　　炮2退1

第28题

① 炮二平五　　炮8平5

② 马二进三　　马8进7

③ 车一平二　　车9进1

④ 炮八平七

在顺炮布局中，很多初、中级棋□喜欢平七路炮，认为这种走法很有针□性，至少黑方不敢立刻走马2进3。□实这是不正确的，这着棋同样也影响□红方的子力结构。

④ ……　　　　马2进1（答2□

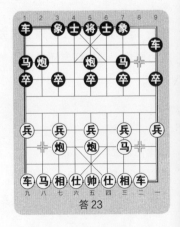

答23

136

显然黑方没有对红方上一着炮八平做出一个积极的回应。这里黑方应走2进3更为有力。以下兵七进一，卒进1，兵七进一，车9平4，兵七进，马3进5，红方虽然有七路兵过河，是由于开局阶段七路兵走动过多，并没有对黑方形成实质性的威胁，黑方局反先。由此也可以看出，上一着红炮八平七是一步疑问手。

⑤马八进九　炮2平3

⑥车九平八

红方亮出左车以后，布局满意。

⑥……　　　车9平4

⑦仕四进五　车4进3

这个阵形中黑方双马不活，进车巡伺机兑卒活马，稳健。

⑧车二进四　卒7进1

⑨兵三进一　车1进1

⑩兵九进一

红方也可以选择车八进四进车巡，红方仍持有小先手。

⑩……　　　卒1进1

黑方挺边卒过缓，应走车1平6控红方帅门。在顺炮布局中，帅（将）一旦被对方控制，形势易陷于被动。

⑪兵九进一　车4平1

⑫马三进四　炮5进4

黑方炮打中兵略急，至此，双方峙。

第29题

①炮二平五　马8进7

②马二进三　车9平8

③车一平二　马2进3

④兵七进一　卒7进1

⑤车二进六　炮8平9

⑥车二平三　炮9退1

⑦马八进九　车8进5

⑧兵五进一　马3退5

⑨炮八进四　炮2平5

⑩马九进七　炮9平7

⑪车三平四　马5进3

⑫车九进一　卒7进1

第30题

①炮二平五　马8进7

②马二进三　车9平8

③车一平二　马2进3

④兵三进一　卒3进1

⑤马八进九　卒1进1

黑方挺卒制马，并能活跃右车，是当前最为流行的下法。

⑥炮八平七

红方形成了五七炮的基本阵势，这是20世纪90年代最为热门的布局之一。红方的布局意图是待黑方外马封车后，削弱其中防的力量，再提左横车协调作战，对黑方施加压力。

⑥……　　　马3进2

⑦车九进一　象3进5（答24）

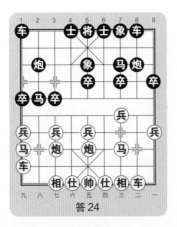

答24

这里要跟大家说明的是，当黑方选择象3进5后，接下来多数会选择车1进3的下法，因为黑方右象飞起以后，右翼的防守相对薄弱，进车卒林线可以策应右翼；如果黑方选择象7进5，则多数会选择卒1进1兑卒后再车1进5大出车，这是因为象7进5以后，黑方右翼已经有足够的防御能力，黑车可离开右翼参与进攻。

⑧ 车九平六

红方先平肋车是一步疑问手。这里正确的选择是先走车二进六。

⑧ ……　　车1进3

这里黑方明显对局面缺少深刻的认识，开局着法是背下来的。这里黑方应走马2进1，以下车六平八，炮2平4，车八进二，卒1进1，马九退八，炮8进4，红车迂回影响速度，黑方取得反弹之势。

⑨ 车二进六　　炮8平9

⑩ 车二进三

红方兑车是稳健的选择，如改走二平三，则局势易于导向激烈的对攻面。试演一例：车二平三，炮9退兵五进一，炮9平7，车三平四，士进5，兵五进一，车8进6，车四进炮7进4，红方较难控制局势。

⑩ ……　　马7退8

⑪ 兵五进一　　马2进1

⑫ 炮七退一　　炮2进5

⑬ 马三进四　　马8进7

⑭ 车六进二　　炮2退2

黑方退炮打马是一步空着，并不对红方形成有效的威胁。这里黑方应车1平2，则马四进三，炮9退1，五进一，马1进3，以后可形成各攻翼的局面。

第31题

① 炮二平五　　马8进7

② 马二进三　　车9平8

③ 车一平二　　马2进3

④ 兵七进一　　卒7进1

⑤ 车二进六　　炮8平9

⑥ 车二平三　　炮9退1

⑦ 兵五进一　　士4进5

⑧ 兵五进一　　炮9平7

⑨ 车三平四　　卒7进1

⑩ 马三进五　　卒7进1

⑪ 马五进六　　车8进8

⑫ 马八进七　　象3进5

第32题

① 炮二平五　马8进7
② 马二进三　卒7进1
③ 车一平二　车9平8
④ 车二进六　马2进3
⑤ 兵七进一　炮8平9
⑥ 车二平三　车8进2

黑方平炮兑车后高车保马，这个布局在20世纪60年代较为流行，由于局比炮9退1再炮9平7以及左马盘河变例的反击力差，所以在近年全国大赛中出现得并不多。

⑦ 炮八平七

红方平七路炮是近年来较为流行的走法，是对马八进七的改进。

⑦ ……　　　象3进5

黑方飞象稳健，另如改走炮2退1则兵七进一，炮2平7，车三平四，马7退5，车四进二，炮7进5，兵七进一，对攻中红方稍好。

⑧ 马八进九（答25）

红方此时进马是一步疑问手。在这个局面下，红方应当走兵七进一。其战术的意图是通过强送七兵，迫使黑方飞象去兵，可使黑方中路空虚，右马不安，这是一种常见的以兵换先的手段。这里我们试演一例：兵七进一，象5进3，兵五进一（红方再由中路冲兵，迫使黑方补棋，免除了黑方炮2退1再炮7平7由左翼驱车反击的可能，并为右

马开拓了出击之路），士4进5，马八进九，炮2进1，兵三进一，红方先手。

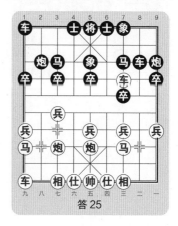

答25

⑧ ……　　　炮2退1

由于红方上一着马八进九给了黑方从容反击的机会，黑方选择退炮顺理成章。

⑨ 车九平八　炮2平4

黑方平炮准备炮4进2打死车，似佳实劣。在实际的对局中，不少初、中级爱好者喜欢走这种棋。看似可以通过打死车或者捉死某子取得先手，但是这样的下法往往是以牺牲阵形结构为代价的，从全局来看，得不偿失。这里黑方正确的选择是车1平2，以下兵七进一，炮2平7，车八进九，炮7进2，车八退二，马3退5，兵七平六，炮7进3，黑方易走。

⑩ 车三平四　马7进8
⑪ 车四进二

红方捉炮实际是一步坏棋，这里红方最严厉的下法是车八进七！

⑪······　　　　炮4进6（答26）

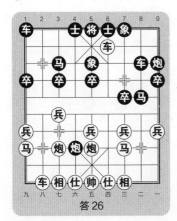

答26

黑方在炮2平4时就已经计划进炮打死车或者炮4进6攻击红马。所以当红方进车捉炮的时候，黑方毫不迟疑地进炮打马。我们说棋手行棋是有计划的，但是计划并不是一成不变的。计划要有灵活性，根据局势的发展来修改自己的计划。当红方进车捉炮时，黑方应当顺势士4进5打车，黑方阵形工整，足可抗衡。实战的下法从布局的步数来看，黑方花了四步棋（炮2退1、炮1平4、炮4进6、炮4平7）去交换红方走了一步的马，而且交换以后，黑方7路底象的弱点又暴露给红方。所以不论从哪个角度去考虑，黑方炮4进6都是一步坏棋。

⑫车四退五

肋车并没有受到攻击所以暂时可以不动。红方应走车八进七，炮4平7，炮七平三，车1平3，炮五平七，红方先手。

⑫······　　　　士4进5

⑬仕六进五

红方支仕过于谨慎，还是应走车进七为宜。

⑬······　　　　炮4平7

⑭炮七平三　　　马8进9

黑方满意。

第33题

①炮二平五　　　马8进7

②马二进三　　　车9平8

③车一平二　　　马2进3

④兵七进一　　　卒7进1

⑤车二进六　　　炮8平9

⑥车二平三　　　炮9退1

⑦马八进七　　　士4进5

⑧炮八平九　　　车1平2

⑨车九平八　　　炮9平7

⑩车三平四　　　马7进8

⑪炮九进四　　　炮7进5

⑫炮五进四　　　象3进5

⑬炮五退一　　　炮2进4

⑭相三进五　　　卒7进1

第34题

①马八进七　　　卒3进1

②炮二平五　　　马8进7

③马二进三　　　车9平8

④车一进一　　　马2进3

⑤车一平六

这里红方也有车一平四的下法，车占左肋是20世纪的老式阵法，利

140

车掩护七路马占据河口。

⑤……　　　　卒7进1

⑥兵五进一　象3进5

⑦兵七进一（答27）

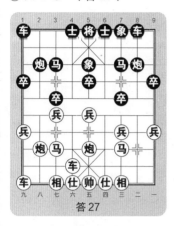

答27

红方先进七兵效率不高，应先走马进五，则炮8进2，兵五进一，卒5
1，兵三进一，红方先手。

⑦……　　　　卒3进1

⑧马七进五　卒3进1

⑨马五进七

红马虽然盘旋而上，但是黑卒过，黑方同样得到补偿。

⑨……　　　　炮2进4

⑩车九进一　车8进1

⑪车九平七　炮2平7

⑫相三进一　炮8进4

黑方进炮护卒的同时加强封锁，好，这样使得红方车七进二活车的计划空。

⑬车六平二

红方平车牵制黑方车炮效果不佳。

这里红方仍应走兵五进一，则车1平2，
炮八进四，红方可以抗衡。

⑬……　　　　车1平2

⑭炮八平九　车2进5（答28）

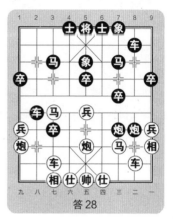

答28

黑方进车捉马，抓住红方左马没有后续子力支援的弱点，计划强行得子。至此，黑方大优。

第35题

①炮二平五　马8进7

②马二进三　车9平8

③车一平二　马2进3

④兵七进一　卒7进1

⑤车二进六　炮8平9

⑥车二平三　炮9退1

⑦马八进七　士4进5

⑧炮八平九　车1平2

⑨车九平八　炮9平7

⑩车三平四　马7进8

⑪炮五进四　马3进5

⑫车四平五　炮7进5

⑬马三退五　炮2进5

第36题

① 炮二平六　马8进7

黑方以起马应对过宫炮，其意图是迅速开出左直车，续有过河炮和三步虎等手段，对红方右翼实施封锁与反击。

② 马二进三　卒7进1

③ 车一平二

明知黑方有进炮封车的战术反击，红方依然我行我素亮出右车，这是一种具有挑战性的下法。

③ ……　　车9平8

④ 车二进四

红方进车巡河是稳健的选择，另有车二进六的下法，双方则易形成激烈的对攻变化。

④ ……　　炮8平9

⑤ 车二平六（答29）

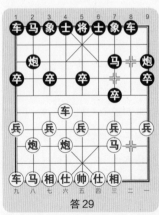

答29

这里红方除实战的车二平六下法以外，另有车二平四的下法。红方车二平四制约黑方7路马的同时可以策应右翼。而车二平六以后则把攻击的主力调

至左翼。由于红方守肋的方向不同，战略重点也必然发生变化。

⑤ ……　　炮2平6

⑥ 兵三进一　卒7进1

⑦ 车六平三　马7进8

⑧ 兵七进一

这是一步疑问手。这里红方应走八进七加快左翼大子的出动，以下马进3，车九平八，卒3进1，兵七进一，卒3进1，车三平七，象7进5，马进六，红方子力开扬，以后双方可以成各攻一翼的局面，红方满意。实战红方虽然先挺七兵看似以后可以先手通左马，但是在大子出动的速度上落于黑方，这也是黑方布局反先的原因。

⑧ ……　　马2进3

⑨ 马八进七　马8进9

黑方马踏边兵，准备打破僵局，红方右翼制造出一个突破口。

⑩ 马三进一　炮9进4

⑪ 车九平八　车1进1

⑫ 马七进六（答30）

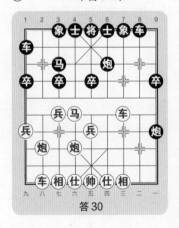

答30

142

红方进马没有抓到局面的重点。这里黑方炮打边兵以后，再起横车，准备攻红方右翼。而红方右翼的防御力量些薄弱，因此红方必须策应右翼，对方车1进1这着棋做出回应。这里红应走车三平一，则炮9平8，车一平，炮6平5，炮六平四，红方先手。

⑫……　　　　车8进6

⑬马六进四

红方进马败着，应走炮八进一，通兑子简化局面，以延缓黑方的反击速。试演一例：炮八进一，车8平5，六平五，象7进5，炮八平一，车5九，车八进六，红方先手。

⑬……　　　　炮6进7

黑方炮打底仕，这是红方没有考虑的冷着，红方的防线被破，黑方优势。

第37题

①炮二平五　　马8进7

②马二进三　　车9平8

③车一平二　　马2进3

④兵七进一　　卒7进1

⑤车二进六　　炮8平9

⑥车二平三　　炮9退1

⑦马八进七　　士4进5

⑧炮八平九　　车1平2

⑨车九平八　　炮9平7

⑩车三平四　　马7进8

⑪车八进六　　卒7进1

⑫车四退一　　卒7进1

⑬马三退五　　象3进5

第38题

①炮二平五　　炮8平5

②马二进三　　卒7进1

黑方不出横车而先进7卒通左马，构成缓开车的布局定式，这一布局最早出现在20世纪60年代，70年代经过改进，曾一度流行。

③车一平二　　马8进7

④兵七进一

红方进七兵为左马开路，这是常见的走法。

④……　　　　炮2进4

黑方右炮过河窥兵压马，牵制红方右车，一举两得。这是在1973年上海－哈尔滨－沈阳三城邀请赛上弈出来的着法。

⑤马八进七　　马2进3

⑥马七进六

面对黑方压马的企图，红马必须跳出来。

⑥……　　　　炮2平7

黑方右炮左移，取得了较好的子力位置，并对红方右翼有一定的牵制作用。

⑦炮八平七　　车1平2

⑧马六进七　　炮5平4

⑨车九进一　　（答31）

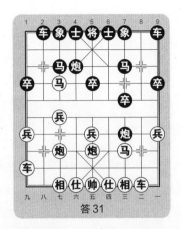

答31

红方起横车的下法并不常见，因为红方起横车以后，并没有好的落点可选择。所以这着棋多走兵七进一，以下车2进6，相七进九，车2平3，车九平七，车3退2，炮七进二，象7进5，双方大体均势。

⑨……　　　　士4进5

⑩ 车九平四　卒7进1

⑪ 兵九进一

红方冲边兵，担心黑方炮7平1以后，有卒7进1或者炮1进3这两种攻击手段。从当前局面来看，这是一步缓着，是红方没有经过准确的计算而走出的一着棋。这里红方应走相三进一，则炮7平1，相一进三，以下黑方如车2进6，则相七进九，红方足可抗衡；又如炮1进3，则马三进四，车2进9，车四平七，红方大优。

⑪……　　　　车2进6

⑫ 马七退六　车2平4

黑方平车捉马是非常严厉的手段。

捉马的同时伏有车4进3叫将抽车的手手。由此可见，红方上一着马七退六不够好的选择。

⑬ 马六进五　马3进4

⑭ 仕四进五　象7进5（黑优）

第39题

① 炮二平五　马8进7

② 马二进三　车9平8

③ 车一平二　马2进3

④ 兵七进一　卒7进1

⑤ 车二进六　炮8平9

⑥ 车二平三　炮9退1

⑦ 马八进七　士4进5

⑧ 炮八平九　车1平2

⑨ 车九平八　炮9平7

⑩ 车三平四　马7进8

⑪ 车四进二　炮2退1

⑫ 车四退三　象3进5

第40题

① 炮二平五　炮8平5

② 车一进一　马8进7

③ 车一平六

顺手炮横车对直车，可算是象棋局中资历最老的布局阵形了。红方车平六占据要道是传统的走法，因其比实用，故而沿袭至今。

③……　　　　车9平8

④ 马二进三　车8进4

⑤ 马八进七（答32）

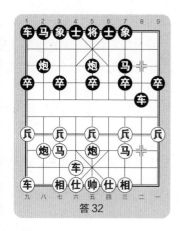

答32

黑方以直车巡河应战，红方上左正
即形成了顺炮布局变例。这里旧式的
化是车六进七，则马2进3，车六平
，炮2进2，兵七进一，马7退5，
方伏有炮2平6打死车的反击手段，
方的先手难以掌握。所以现代棋手在
个局面下多走马八进七。

⑤……　　　　　马2进3

⑥车六进五　象3进1

黑方飞边象，准备车1平3护马，
健。

⑦车九进一　卒3进1

⑧车九平六　士4进5

⑨前车平七

红方平车压马是一步疑问手。压马
后，黑方顺势车1平3保马，反而困
了红车。这里红方应走兵三进一活通
马，以下车1平3，前车平九，双方
体均势。

⑨……　　　　　车1平3

⑩兵五进一　炮2进4

针对红方冲中兵准备盘活双马的意
图，黑方进炮兵林线，准备破坏红方盘
头马的结构。

⑪马七进五　炮2平5

⑫马三进五　车8进2（答33）

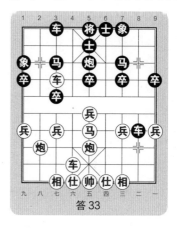

答33

黑方进车准备通过车8平7吃兵
控制红方兵林线，从实战来看，黑方的
攻击并没有效果，反倒因为黑方巡河车
离开防守要道为红方所乘。这里黑方应
走车8平6，以下兵五进一，炮5进2，
黑方足可抗衡。至此，红方取得满意的
局面。

第41题

①炮二平五　马8进7

②马二进三　车9平8

③车一平二　炮8进4

④兵三进一　炮2平5

⑤马八进七　马2进3

⑥兵七进一　车1平2

⑦车九平八　车2进4

⑧炮八平九　车2平8

⑨车八进六　炮8平7

⑩车八平七　车8进5

⑪马三退二　车8进9

⑫车七进一　炮7进1

第42题

①炮二平五　马8进7

②马二进三　车9平8

③车一平二　炮8进4

④兵三进一　象3进5

黑方飞象形成非常经典的左炮封车阵形。黑方象3进5的下法较稳健，而近年非常流行炮2平5还架中炮的变化，易导向激烈的对攻局面。

⑤马三进四　炮8退2

黑方退炮河口是求稳的走法。

⑥马八进七（答34）

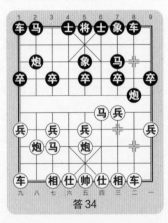

答34

这个阵形下，红方通常会走车二进二升右车，利用左炮给右车生根，消除阵形中的弱点。这里红方马八进七以后由于左马位置呆板，易成为黑方的攻击目标。

⑥……　　　卒3进1

⑦炮八平九

红方平炮显然没有意识到局面的〔点〕。这里红方可以考虑炮八进四更为厚实。

⑦……　　　马2进4

⑧车九平八　车1平3

⑨车八进四

红方进车导致局面受制，这里可考虑马七退五避其锋芒。以下卒3进炮九平七，车3进4，马五进三，红保持先手。

⑨……　　　炮8进1

⑩车八平六　车3进1（答35）

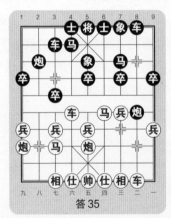

答35

黑方进车保马的不利之处在于这一个愚形，不如马4退2灵活。初、中棋手在处理"捉子"与"避捉"时经常忽略"捉子"与"被捉子"的子力位置缺乏对全盘的考虑，是不可取的做法。

⑪车二进三　卒7进1

黑方冲卒是一步非常及时的攻击手

⑫炮五平二　卒7进1

⑬炮二进二　车8进5

⑭ 车二进一　卒7平8

通过交换，黑方保留一个过河卒，形势略好。

第43题

① 炮二平五　马8进7

② 马一进二　车9进8

③ 车一平二　炮8进4

④ 兵三进一　炮2平5

⑤ 兵七进一　车1进1

⑥ 马八进七　车1平8

⑦ 车九平八　炮8平7

⑧ 车二平一　车8进7

⑨ 马七进六　车8进4

⑩ 炮八平六　马2进3

⑪ 仕四进五　前车平6

⑫ 马六进七　士6进5

第44题

① 炮二平五　马8进7

② 马二进三　卒7进1

③ 车一平二　车9平8

④ 车二进六　马2进3

⑤ 兵七进一　炮8平9

⑥ 车二平三　炮9退1

⑦ 马八进七　士4进5

⑧ 车九进一

双方以中炮过河车对屏风马平炮兑车布阵。此时红方起横车是比较冷僻的走法。红方比较常见的走法是马七进六成七路马盘河的阵形或是炮八平九形成五九炮的阵形。

⑧ ……　　炮9平7

⑨ 车三平四　马7进8（答36）

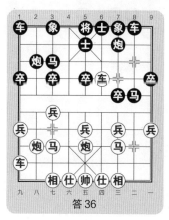

答36

黑方跳外马是寻求反击的下法。这里黑方另有象3进5的选择。试演一例：象3进5，车九平六，炮2退1，兵五进一，马7进8，双方对峙。通过上面的对比，我们不难发现象3进5的下法更侧重于防守反击，较为稳健；而实战中马7进8的下法则是强调反击的速度和节奏。了解这些内容对于我们把握布局的方向和节奏是非常重要的。

⑩ 车九平二　炮7进5

黑方进炮打兵，意图利用红车自压相眼的弱点形成反击，但是从全盘着眼这着棋和整个布局思路相脱节。这里黑方仍应走卒7进1反击，以下车四平三，马8退7，车二进八，炮7进2，车二退三，炮7进1，黑方易走。

⑪ 仕四进五　象3进5

⑫ 炮八进二　车1平4（答37）

147

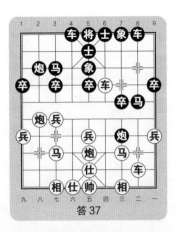

答37

黑方出车是一步缓着。现在红方炮八进二巡河以后，黑方再不走卒7进1的反击，黑炮将陷入被动。选择出车显然是没有读出红方炮八进二的意图。

⑬车四退三　炮7进3

炮发底线，对红方丝毫没有威胁，黑方虽得一相，但是黑炮孤军深入得不偿失，红方满意。

第45题

① 炮二平五　马2进3

② 马二进三　炮8平6

③ 车一平二　马8进7

④ 炮八平六　车9进1

⑤ 马八进七　车9平4

⑥ 仕四进五　卒7进1

⑦ 车九平八　车1平2

⑧ 车八进四　马7进6

⑨ 车二进六　士4进5

⑩ 炮五进四　马3进5

⑪ 车二平五　马6进7

第46题

① 炮二平五　炮8平5

② 马二进三　车9进1

③ 车一平二　马8进7

④ 马八进七　车9平4

⑤ 炮八平九（答38）

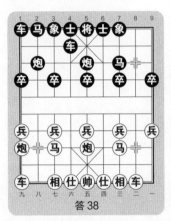

答38

双方以顺炮直车对横车开局。红炮八平九意在形成双直车的结构。但这着棋在职业棋手的对局中很少出现这是为什么呢？因为这里红方即使走车九平八以后，由于黑方右翼子力布置得当，红车没有好的攻击点，反是红方左马失去保护，易受到黑方的击。所以这着棋多走兵三进一或兵一，至少活通一个马。

⑤……　　马2进3

⑥ 车九平八　车1平2

⑦ 车八进六　炮2平1

⑧ 车八进三　马3退2

双方交换以后，我们可以看到，方双炮、双马与右车，这五个大子各

· 148 ·

战，少有联络。在布局中，子力协调是非常重要的，这个布局中红方的主问题就是主力分散，缺少协调性，这中局阶段的进攻或是防守方向就不确。

⑨兵七进一　车4进5

⑩马七进八

顺炮布局是中心区域的争夺，现在方被迫跳外马，与布局初衷相矛盾。

⑩……　　　车4平3

⑪车二进四　炮5平3

⑫马八进九（答39）

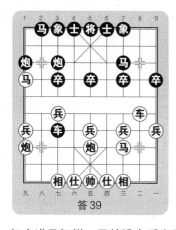

答39

红方进马坏棋。显然没有看出黑方5平3的意图，在当前局面下，红方路底相是一个明显的弱点，因此红方须加强七路线的防守。红方正确的下是炮五平七，则炮1进4，相三进五，7进5，车二平六，红方加强左翼的御力量，双方呈胶着态势。

⑫……　　　炮3进3

⑬仕六进五　炮3进4

⑭车二平八　车3平1

　　（黑方大优）

第47题

①炮二平五　马2进3

②马二进三　炮8平6

③车一平二　马8进7

④炮八平六　车1平2

⑤马八进七　炮2平1

⑥兵七进一　车2进6

⑦车九进二　卒7进1

⑧马七进六　象7进5

⑨车二进六　车2平4

⑩马六进七　士6进5

⑪车二平三　车9平7

第48题

①炮二平五　炮8平5

②马二进三　车9进1

③车一平二　马8进7

④马八进七　车9平4

⑤兵三进一　马2进3

⑥兵七进一　车1进1

⑦相七进九　炮2平1（答40）

这里黑方通常的选择有三种：一是车4进3，黑方升车巡河准备兑卒活马削弱红势；二是车4进5，准备攻击红方左马；三是卒1进1，这是针对红方飞边相设计出来的选择。职业棋手为什么不会选择炮2平1呢？首先从棋形来看，这着棋和车1进1双横车的阵形相矛盾。因为黑方形成双横车阵形以后，较为理想的结构是车4进5后再走车1平6或车1平4，这样黑方高低车配置很有层次感，非常有弹性。而炮2平1以后，黑方再走车1平2，多花了一着棋，布局的效率大打折扣，这是其一；其二，炮2平1以后，红方多了一个马七进八的选择，虽然红方不一定会马上走马七进八这着，但是黑方多给红马一个选择，这是炮2平1的不利之处。因此，炮2平1这着棋是布局阶段黑方走出的一个疑问手。

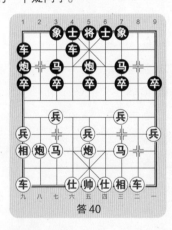

答40

⑧车二进五

这里红方可以考虑先走车九平八，则车4进5，马三进四，车4平3，车八平七，卒3进1，车二进五，红方先手。

⑧……　　　　车1平2

⑨兵七进一　　卒3进1

⑩车二平七　　车4进1

⑪车九平八（答41）

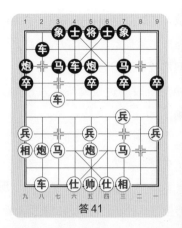

答41

这是一步改进的下法，以往曾出过仕六进五，车2进5，炮八退二，5退1，炮八平七，车2退4，车七一的走法。演变下去双方形成对峙的面。这里红方先出左车，让黑方表着法比较积极。

⑪……　　　　车2进5

黑方进车必然，否则被红方抢到八进四的棋，黑方会非常不舒服。

⑫炮五平四　　炮5退1

黑方退炮准备攻击红方七路灵活。

⑬车七退一　　炮5平3

⑭车七平八　　车2平3

（黑方优势）

第49题

①炮二平五　　马2进3

②马二进三　　炮8平6

③车一平二　　马8进7

④炮八平六　　车1平2

⑤马八进七　　炮2平1

⑥ 兵七进一　　卒7进1

⑦ 马七进六　　士6进5

⑧ 车九进二　　车9平8

⑨ 车二进九　　马7退8

⑩ 车九平七　　象7进5

⑪ 车七进一　　马8进7

⑫ 兵五进一　　车2进4

第50题

① 炮二平五　　马8进7

② 马二进三　　卒7进1

③ 车一平二　　车9平8

④ 车二进六　　马2进3

⑤ 兵七进一　　马7进6

⑥ 马八进七　　象7进5

双方形成中炮过河车对屏风马左马河的阵形。临场黑方选择了较为少见飞左象的变化。飞左象的优点是左车为活跃，必要时有车8平7助攻的手，但不利之处是右车不能及时投入战，容易影响全局作战。

⑦ 车九进一（答42）

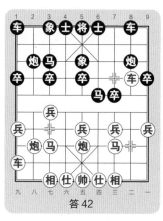

答42

红方左车横起，直指黑方河口马，是攻守兼备的着法。另有两种选择：一是炮五进四，则马3进5，车二平五，炮2进4！黑方子力活跃，具有反击之势；二是车二退二，则炮2退1，车九进一，炮2平7，红车进而复退，步调缓慢，黑方从容重整阵形，富有弹性。

⑦ ……　　　　卒7进1

这是黑方较好的下法。如改走车1进1，则车九平四，炮8平6，车二平四（也可走车二进三，炮6进6，炮五平四，士4进5，车二退八，炮6平2，车二平六，红方先手），士6进5，炮五平四！马6进7，炮四进五，士5进6，前车进一，红方夺士占优。

⑧ 车二退一

红方退车捉马，希望保持对黑方左翼车炮的牵制力。但是从实战的进程来看，这是一步疑问手。这里红方多走车二平四把黑马驱走，再平车牵制。试演一例：车二平四，马6进7，炮五进四，马3进5，车四平五，车1进1，车九平二，红方先手。

⑧ ……　　　　马6退7

⑨ 车二退二

红方退车坏棋，被黑方利用，导致局面陷入被动，应走车二进一，以下卒7进1，车二平三，卒7进1，车三进一，卒7平6，炮五平六，双方形成对攻的局面，红方易走。

⑨……　　　炮2进4

⑩车二进三　炮2平3

⑪相七进九　马7进6

⑫车二退一　马6退7

⑬车二平六

红方平车似先实后，脱离了主战场，此时还是应考虑车二进一。

⑬……　　　炮3平7

⑭相三进一

红方上相坏棋，应走马三退五，以下车1平2，车六退一，马7进6，车六平三，红方足可抗衡。

⑭……　　　炮7平8

红方双相飞边，阵形散乱。黑方平炮压相眼，伏有卒7进1的先手，黑方优势明显。

第51题

①炮二平五　马8进7

②马二进三　车9平8

③兵七进一　卒7进1

④马八进七　马2进3

⑤炮八进二　象3进5

⑥车一平二　炮2进2

⑦车二进六　炮8平9

⑧车二进三　马7退8

⑨车九进一　士4进5

⑩车九平二　马8进7

⑪兵三进一　卒7进1

⑫炮八平三　马7进6

第52题

①炮二平五　马8进7

②马二进三　车9平8

③车一平二　马2进3

④兵七进一　卒7进1

⑤车二进六　炮8平9

⑥车二进三（答43）

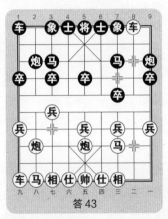

答43

兑车是求稳的下法，避开了流行车二平三，炮9退1，马八进七，炮□平7，黑方平炮打车引起的复杂变化，不过，红方兑车以后，其先手的效率□有所降低，这也是近年在全国大赛上红方往往不愿意选择兑车的原因。

⑥……　　　马7退8

⑦马八进七　炮2进4

黑方右炮过河是非常积极的下法，这着棋的战术目的有三个：一是炮2平3压马；二是炮2平7，以后压制红方右马；三是为出动右车做准备，这也炮2进4最主要的目的。

⑧马七进六

红方进马既有兵七进一的先手，又配合中炮窥视黑方中卒，这是攻击力强的应着。

⑧……　　　　炮2平7

⑨相三进一　　马8进7

⑩兵五进一（答44）

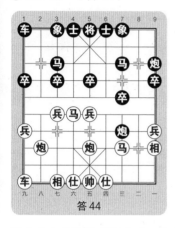

答44

红方冲中兵看似虎视眈眈，实则是步疑问手。红方进中兵后希望有机会走到马三进五盘活右马的手段。但是兵进一以后红方大子缓出，易落后手。以这着棋红方可以考虑走车九平八较。试演一例：车九平八，车1平2，车八进六，象3进5，马六进七，红方好手。

⑩……　　　　象3进5

⑪炮八平七　　士4进5

黑方补士稍缓，不如改走车1平2攻击更直接。

⑫马六进七　　马7进8

⑬马三进五（答45）

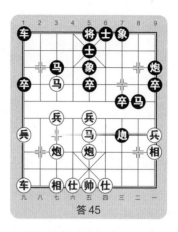

答45

通常选择进马时，要把马放在一个通路上，这样一旦马受到攻击，可以迅速转移到相对安全的位置。实战的下法红方显然没有考虑中马的出路问题。这里红方应先走兵五进一为右马挺进留出空间。试演一例：兵五进一，车1平4，车九平八，炮7平3，车八进三，炮3退3，炮七进四，卒5进1，马三进四，红方易走。

⑬……　　　　炮9进4

⑭马五退三　　炮9退1

至此，我们可以看到第13个回合红方马三进五的问题，不但没有改善右马的弱点，反而被黑方边炮打回来，谋得一个边兵。至此，黑方取得优势。

第53题

①炮二平五　　马2进3

②马二进三　　炮8平6

③车一平二　　马8进7

④兵三进一　　卒3进1

⑤马八进九　　象3进5

⑥炮八平六　　车9进1

⑦车九平八　　车1平2

⑧车八进四　　车9平4

⑨仕四进五　　士4进5

⑩兵九进一　　炮2平1

⑪车八平五　　车4进3

第54题

①兵七进一　　炮2平3

②炮八平五　　炮8平5

双方由仙人指路对卒底炮转成列手炮的阵形，这种布局常常会演变成激烈的对攻局面。

③马二进三　　马8进7

④车一平二　　卒3进1

⑤马八进九　　卒3进1

⑥车九平八（答46）

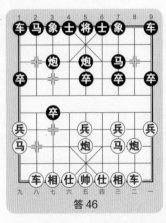

答46

这个布局中，红方的思路是通过弃七兵换得出子速度的领先。所以红方抢出左车是正确的应着。这里红方如果将车九平八和下一着炮二进四交换一个次序，先走炮二进四就是一个典型的布局

疑形。试演一例：炮二进四，卒7进一，车九平八，车9平8，炮五退一，马进1，相七进五，炮3进1，炮二退二，卒3平4，黑方易走。所以初、中级好者在学习布局时，一定要注意布局段的"手顺"。

⑥……　　　马2进1

⑦炮二进四　　卒7进1

⑧车二进四

这样红方再进右车巡河与左车相呼应。

⑧……　　　车9平8

⑨车二平七

这是红方第六回合车九平八战术段的延续，利用兑子战术，调整阵形防重心。

⑨……　　　车8进3

⑩车七进三　　车8进3

⑪车八进八

红方进车是非常严厉的一着棋。里红方如炮五平七，则车8平7，相进五，马7进6，黑方反击迅速。

⑪……　　　车8平7

⑫车八平三　　车7进1

⑬车三退一　　炮5进4

这是黑方的一步坏棋，没有考虑红方炮五进四解将的手段。黑方应走4进5，以下车七退四，车7进2，三进二，车7退4，炮五进四，车1 2，黑方足可抗衡。

⑭炮五进四（红优）

第55题

①炮二平五　马2进3

②马二进三　炮8平6

③车一平二　马8进7

④兵三进一　卒3进1

⑤马八进九　象3进5

⑥炮八平七　车9进1

⑦车九平八　车1平2

⑧车八进四　车9平4

⑨仕四进五　士4进5

⑩兵九进一　炮2平1

⑪车八进五　马3退2

第56题

①兵三进一　　炮2平5

以当头炮对仙人指路布局是积极进取战略的具体体现。黑方采用的这种具有挑战性的弈法，使布局充满了搏斗的意味，为这一布局增添了活力。实战中黑方炮2平5选择反方向还中炮是正确的。如改走炮8平5选择同方向的中炮，布局的效果要逊色很多。试演一例：炮8平5，马二进三，马8进7，车一平二，卒3进1（黑方如改走车9平8，则马八进七，布局成先手屏风马对中炮直车，红方易走），马八进七，马2进3，相七进五，至此，红方阵形工整易走。

②马八进七　马2进3

③车九平八　车1平2

④马二进三

红方正常出子，着法积极！也可走炮八进四，则卒3进1，炮二平五，形成左炮封车转列炮布局。

④……　　　马8进7（答47）

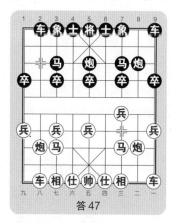

答47

黑方进马不够细致。因为红方三路兵已经挺起，黑方进马反被红方三路兵限制。可见黑方对此布局不够了解，导致以后局势被动。黑方应改走车2进4巡河，以下炮八平九，车2进5，马七退八，马8进9，马八进七，卒3进1，相三进五，车9进1，黑方足可抗衡。

⑤仕四进五

在开局阶段，根据局势的需要适当地补仕相是必要的，但是不必要的补仕相，势必会延缓大子的出动，甚至贻误战机。本局中，红方补仕错过了战机，应走炮八进四封锁黑方右翼，黑方如接走卒3进1，红方则车一进一，子力快速投入战斗。

⑤……　　　炮8平9

⑥车一平二　车9平8

⑦炮二进四　车2进4

⑧炮八平九　车2平6

⑨车八进四　卒3进1

⑩车八平四

红方兑车不好，对局面判断过于乐观。如果黑方接受兑车走车6进1，红方则马三进四顺利跳出，红方当然满意，但这只是红方一厢情愿的下法。这里红方应走相七进五静观其变为好。

⑩……　　　　车6平4（答48）

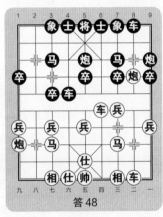

答48

当前局面下黑方如改走车6进1，则马三进四，红方盘河马位置很好，黑方稍亏。实战中黑方选择避兑，这是一步软着。那么在这个局面下黑方应如何处理呢？这是一个典型的中局阵形，在这里黑方有一个弃卒争先的巧着。应走卒7进1，现试演如下：卒7进1，车四进一，马7进6，兵三进一，马6进4，马七退八，马4进6，炮九退一，马6退7，黑方子力灵活，易走。

⑪车四进二　车4进2

⑫马三进四　车4平3

⑬车二进二　炮5平4

黑方调形过急。因为卸炮后不但数吃亏，而且7路马照样遭受攻击。如改走车8进2，以下车四平三，炮□退1，以后黑方可炮9平7进行反□局势不弱。

⑭车四平三　象7进5

（红方大优）

第57题

①炮二平五　马2进3

②马二进三　炮8平6

③车一平二　马8进7

④兵三进一　卒3进1

⑤马八进九　象3进5

⑥炮八进四　卒7进1

⑦兵三进一　象5进7

⑧炮八平七　马7进6

⑨车九平八　炮2平1

⑩车八进六　卒1进1

⑪车二进六　士4进5

⑫车二平四　马6进4

⑬马三进四　车1平4

第58题

①炮二平五　马8进7

②马二进三　卒7进1

③车一平二　炮8进2

黑方进炮巡河形成一个封闭的□面。黑方的战略意图是避免在开局阶□与红方形成短兵相接的局面，尽量保

④ 马八进九　马2进3

⑤ 炮八平七　车1平2 （答49）

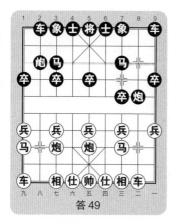

答49

黑方出车以后，红方相对应的走法
车九平八，黑方只能炮2进4封车，
然封锁住红车，但是阵形有欠灵活。
以这着棋多走炮2退1，以下红方有
九平八和车二进四两种走法。这里简
试演一下：红方如车九平八，则炮2
8，车二平一，象7进5，炮七进四，
7进6，黑方满意；红方如车二进四，
象7进5，车九平八，炮2平7，车二
四，士6进5，黑方易走。通过以上
列不难发现，黑方退炮以后可以选择
2平8或者炮2平7，加强左翼的攻
力量，黑方都可以取得满意的局面。

⑥ 车九平八　炮2进4

⑦ 兵九进一　象7进5

⑧ 车二进四　炮2退2

⑨ 兵三进一　卒7进1

⑩ 车二平三　炮2平7

同样是平炮，黑方应走炮8平7，
以下兵七进一，炮7进3，炮七平三，
马7进6，黑方足可抗衡。实战中黑方
平右炮拦车后，虽然解除了红方左车的
封锁，但是造成局面上有些失衡。

⑪ 车八进九　马3退2

⑫ 马三进四　士6进5

⑬ 车三平二　炮8退4

⑭ 马四进六　炮8平6

（红方优势）

第59题

① 炮二平五　马2进3

② 马二进三　炮8平6

③ 车一平二　马8进7

④ 兵七进一　卒7进1

⑤ 车二进六　车9进2

⑥ 炮八进四　车9平8

⑦ 车二平三　炮6退1

⑧ 马八进七　士4进5

⑨ 车九进一　象3进5

⑩ 车九平六　炮6平7

⑪ 车三平四　炮2退1

⑫ 兵五进一　马7进8

第60题

① 兵七进一　卒7进1

② 炮二平三　炮8平5

③ 炮八平五　马2进3

黑方进左马，准备两翼均衡出动子
力，是侧重于阵地战的下法。这里黑方
也有炮5进4的选择，双方迅速形成短

兵相接的阵势。

④ 马八进七　马8进7

⑤ 车九平八　马7进6（答50）

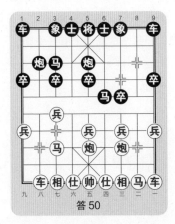

答50

黑方进马是一步疑问手。黑方阵形的弱点是3路马呆板的问题。要解决这一问题的思路有两个：一是车9平8，利用红方右翼子力出动缓慢的弱点，有针对性地展开反击，即车9平8，马二进一，马7进6，车八进六，马6进5，车一平二，车8进9，马一退二，车1进2，双方对峙；二是车1平2，以后演成变化激烈的弃马局，即车1平2，车八进六，车9平8，马二进一，士6进5，车八平七，炮2进4，双方对攻激烈，黑方易走。

⑥ 车八进六　炮5平7

⑦ 车八退一　马6进7

⑧ 车八平三　马7进5

黑方被迫交换，这样布局阶段黑方损失的步数过多，红方优势。

⑨ 相三进五　炮7进5

⑩ 马二进三　象7进5

⑪ 车三平八　车1平2（答51）

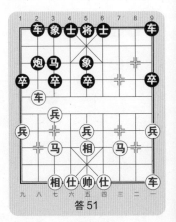

答51

布局至此，我们计算一下双方的效步数。红方走了五步棋，黑方走了步棋，黑方损失两步。这种两先棋双的差别是非常大的，红方由此以优势入中局阶段的争夺。

⑫ 车八进一　炮2平1

⑬ 车八平七　车2进2

⑭ 马三进四　车9进2

同样是出车，黑方走车9平8好。虽然车9进2以后有车9平6守士角的手段，但是黑车过于迂回，效不高。以后红方有车一平三的先手，方优势。